핵심 문형으로 배우는
기초일본어 2

하치노 토모카

제이앤씨
Publishing Company

머리말

이 책은 『핵심문형으로 배우는 기초일본어 1』에 이어서 일본어를 처음 공부하는 학습자를 위한 입문 일본어 학습서입니다.

1. 문형 공식을 알면 일본어 회화가 보인다.

일본어 회화의 기본은 문형입니다. 골격이 되는 문형을 알면 일본어를 알아듣고 말할 수 있습니다. 이 책에서는 문형 73개를 소개하였고, 문형 공식을 이용하여 얼마든지 응용할 수 있도록 구성을 했습니다. 『핵심문형으로 배우는 기초일본어 1』에 이어서 이 책으로 일본어 초급을 완성 시키세요.

2. 한국어 해석이 아닌 일본어 표현 방식에 더 집중하세요.

『핵심문형으로 배우는 기초일본어 1』에서 배운 문형들은 한국어로 직역을 해도 그다지 어색하지 않았습니다. 어순도 똑같고 표현만 배우면 얼마든지 일본어로 만들 수가 있었지요. 그런데 ~てある, ~ておく, 수수표현, 수동표현 등 한국어로 직역하기 어려운, 한국어에 없는 표현들이 나오기 시작합니다. 그런 문형은 '한국어와 다른 일본어'에 정리를 해 두었습니다. 한국어로 해석하기 어렵다고 포기하지 마시고, 예문을 통째로 외워 보세요. 초급 단계에서는 이러한 표현이 있다고만 알고, 문형에서 쓰이는 동사, 형용사 활용에 집중하세요. 이 다음에 『일본어문법-초급-』, 『일본어문법-중급-』에서 더 자세한 용법을 익히면 됩니다. 초급이 한국어 문장을 일본어 문장으로 옮기는 작업을 배우는 단계라면, 일본어다운 표현을 배우고 한국어와의 차이를 이해하고 일본어적인 발상을 훈련하는 단계가 중급입니다. 즉, 일본어는 한국어와 어순이 똑같다 보니까 표현도 똑같을 것이라고 생각했던 학습자들에게 어렵게 느껴지는 단계입니다. 이제부터는 한국어와 전혀 다른 일본어라고 생각하세요. 한국어 번역에만 의지하고 있는 단계가 초급이라면, 일본어 용법으로 그 차이를 알아가는 단계가 중급 단계라고 할 수 있겠습니다. 그래야 일본어다운 표현을 사용할 수 있습니다. 한국어적인 발상으로 일본어를 하게 되면 일본인이 들었을 때 뜻은 알겠지만 어색한 표현이 됩니다. 그것은 단순히 일본어로 '틀렸다' '맞다'라는 초급 단계입니다. 한국어와 전혀 다르다고

생각해서 일본어 표현을 용법으로 알아보려고 하는 학습자는 남들보다 더 빨리 자연스러운 일본어를 구사하게 됩니다.

3. 중급에 올라가면서 한자 때문에 포기하지 않기 위해 한자를 함께 학습한다.

일본에서는 히라가나, 가타카나와 함께 꼭 한자를 사용합니다. 한자가 눈에 익숙해지도록 이 책에서는 일본의 상용한자(常用漢字)는 모두 사용했습니다. 책에 나오는 한자는 단어와 함께 부록에 정리했습니다. 쓸 줄 몰라도 읽을 줄 알면 되니 자꾸 보고 외우세요.

이 학습서가 일본어에 관심을 가지고 공부하려고 하는 모든 분들에게 큰 도움이 되기를 진심으로 기원합니다.

2018년 7월

한국외대 이문동 캠퍼스에서

八野　友香

책 구성과 특징

- 핵심문형 : 이 책에서는 기초 문형 73개를 학습한다.
- 문형패턴연습 : 예문을 통해 문형을 확실히 익힌다.
- 과제 쓰기노트 : 문장 쓰기 연습을 한다.
- 한국어와 다른 일본어
- 문법PLUS
- 쉬어가기

기호 설명

- [い형] - い형용사
- [な형] - な형용사
- [동1] - 1그룹동사, [동2] - 2그룹동사, [동3] - 3그룹동사
- [N] - 명사

* 1~3과는 '핵심 문형으로 배우는 기초일본어1'에 나온 내용의 복습입니다.

목차

제3과 毎朝7時に起きます。매일 아침 7시에 일어납니다.　43

東京^{とうきょう}は、どこですか。

도쿄는 어디입니까?

핵심문형

Clip_01	명사 긍정문, 명사 의문문, 조사 「の」

➜ 학습 내용

1. 문형 1 〜です。〜입니다.
2. 문형 2 〜ですか。〜입니까?
3. 문형 3 명사+の+명사　〜의〜
4. 문형 4 〜は、どこですか。〜은/는 어디입니까?

1

문형 1 〜です。〜입니다.

문형 2 〜ですか。〜입니까?

① 私^{わたし}は 韓国人^{かんこくじん} です。 저는 한국사람입니다.

② 学生^{がくせい} ですか。 학생입니까?

단어	私^{わたし} 저, 나	韓国人^{かんこくじん} 한국 사람
	学生^{がくせい} 학생	

❀ 명사 긍정문 : 명사+です。 ~입니다.

❀ 명사 의문문 : 명사+ですか。 ~입니까?

- 私は、日本人です。 저는 일본 사람입니다.
  _{わたし} _{にほんじん}

- 大学生ですか。 대학생입니까?
  _{だいがくせい}

단어	日本人 일본 사람	大学生 대학생
	_{にほんじん}	_{だいがくせい}

2 | 문형 3 | 명사+の+명사 ~의~

① 会社の同りょう 회사 동료
   _{かいしゃ} _{どう}

② 大学の友達 대학교 친구
   _{だいがく} _{ともだち}

③ サッカーの試合 축구 시합
   _{しあい}

단어	会社 회사	同りょう 동료
	大学 대학교	友達 친구
	サッカー 축구	試合 시합

❀ 명사+の+명사 ~의~

명사와 명사 사이에는 「の」가 들어간다.

- 田中さんの本 다나카 씨의 책
  _{たなか} _{ほん}

- 日本語の勉強 일본어 공부
  _{にほんご} _{べんきょう}

- 電車の中 전철 안
  _{でんしゃ} _{なか}

단어	田中さん 다나카 씨	本 책
	日本語 일본어	勉強 공부
	電車 전철	中 ~안

3 문형 4　〜は、どこですか。　〜은/는 어디입니까?

① 教室は、どこですか。 교실은 어디입니까?

② 東京駅は、どこですか。 도쿄 역은 어디입니까?

③ 田中さんの家は、どこですか。 다나카 씨 집은 어디입니까?

단어　どこ　어디　　　　　　　　教室　교실

東京　도쿄　　　　　　　　駅　역

家　집

✽ 〜は、どこですか。　〜은/는 어디입니까?

• 図書館は、どこですか。 도서관은 어디입니까?

• トイレは、どこですか。 화장실은 어디입니까?

• きっぷ売り場は、どこですか。 매표소는 어디입니까?

단어　図書館　도서관　　　　　　トイレ　화장실 (お手洗い)

きっぷ　표　　　　　　　　売り場　매장

Clip_02　명사 부정문, こそあど(1)

➲ 학습 내용 ────────────

1. 문형 5 〜じゃありません。〜가/이 아닙니다.
2. ここ、そこ、あそこ、どこ　이곳, 그곳, 저곳, 어디

1 문형 5　〜じゃありません。　〜가/이 아닙니다.

① 学生じゃありません。 학생이 아닙니다.

② A : 今日は休みですか。 오늘은 쉬는 날입니까?

B : いいえ、休みじゃありません。 아니요, 쉬는 날이 아닙니다.

| 단어 | 今日 오늘 | 休み 쉬는 날 |

🌸 명사 부정문: 명사+じゃありません。 ～가/이 아닙니다.

・試験は、今日じゃありません。 시험은 오늘이 아닙니다.

・それは、私のかばんじゃありません。 그것은 나의 가방이 아닙니다.

| 단어 | 試験 시험 |

2 ここ, そこ, あそこ, どこ 여기, 거기, 저기, 어디

① A : ここは、禁煙席ですか。 여기는 금연석입니까?

B : はい、そうですよ。 네, 맞아요.

② A : あそこは、コーヒーショップですか。 저기는 커피숍입니까?

B : どこですか。 어디에요?

| 단어 | 禁煙席 금연석 | コーヒーショップ 커피숍 |

🌸 장소를 가리키는 지시 대명사   こそあど(1)

이곳, 여기	그곳, 거기	저곳, 저기	어디
ここ	そこ	あそこ	どこ

・ A : 教室は、どこですか。 교실은 어디입니까?

B : 305号室です。 305호실입니다.

・ A : おすし屋さんは、どこですか。 초밥 집은 어디입니까?

B : あそこです。 저기입니다.

| 단어 | ～号室 ~호실 | おすし 초밥 |
| | ～屋さん ~집 | |

⊃ 학습 내용 ─────────────

　1. この、その、あの、どの＋명사 이, 그, 저, 어느~
　2. 명사를 대신하는 「の」
　3. これ、それ、あれ、どれ 이것, 그것, 저것, 어느 것

 この、その、あの、どの＋명사 이, 그, 저, 어느~

　① この机 이 책상
　② A : あの人は、先生ですか。저 사람은 선생님입니까?

　　 B : どの人ですか。어느 사람입니까?

단어　机 책상　　　　　　　　　先生 선생님

❀ 사물과 사람을 가리키는 지시대명사 こそあど(2)

이	그	저	어느
この	その	あの	どの

❀ この、その、あの、どの＋명사 이, 그, 저, 어느~

　• このかばん 이 가방

　• そのかさ 그 우산

　• あの建物 저 건물

* 사람을 가리킬 때

~人	この人 이 사람	その人 그 사람	あの人 저 사람	どの人 어느 사람
~方	この方 이 분	その方 그 분	あの方 저 분	どの方 어느 분

・あの人がすずきさんです。 저 사람이 스즈키 씨입니다.

・あの方は、どなたですか。 저 분은 누구십니까?

단어	かさ 우산	建物 건물
	どなた 「誰 누구」보다 정중한 표현	

2 명사를 대신하는 「の」

① その本は、ミョンさんのです。 그 책은 미영 씨의 것입니다.

② すずき：あのかばんは、田中さんのですか。 저 가방은 다나카 씨의 것입니까?

　田中　：いいえ、私のじゃありません。 아니요, 저의 것이 아닙니다.

　　　　　木村さんのです。 기무라 씨의 것입니다.

✾ 명사를 대신하는 「の」

앞서 나온 명사 (전형적인 '물건'만을 말함) 을 반복하지 않고 「の」를 대신 쓴다.

・この本は、田中さんのです。 이 책은 다나카 씨의 것입니다.

　(この本は、田中さんの**本**です。)

・この本は、田中さんのじゃありません。 이 책은 다나카 씨의 것이 아닙니다.

　(この本は、田中さんの**本**じゃありません。)

3 これ、それ、あれ、どれ 이것, 그것, 저것, 어느 것

① A：これは、塩ですか。 이것은 소금입니까?

　B：はい、それは塩です。 예, 그것은 소금입니다.

② A：あれは、何ですか。 저것은 무엇입니까?

　B：どれですか。 어느 것입니까?

단어	塩 소금

❈ 사물을 가리키는 지시대명사 こそあど(3)

이것	그것	저것	어느 것
これ	それ	あれ	どれ

• これは、日本のお茶です。 이것은 일본의 차입니다.

• それは、韓国のおかしです。 그것은 한국 과자입니다.

• あれは、田中さんの車です。 저것은 다나카 씨의 자동차입니다.

단어	お茶 (마시는) 차	おかし 과자
	車 자동차	

문형패턴연습

1) 문형 1 ～です。～입니다.

① 妹は、大学生です。 여동생은 대학생입니다.

② 試験は、明日です。 시험은 내일입니다.

③ 集まりは、土曜日です。 모임은 토요일입니다.

단어
妹 여동생   明日 내일

集まり 모임   土曜日 토요일

2) 문형 2 ～ですか。～입니까?

① 妹さんは、大学生ですか。 여동생은 대학생입니까?

② 試験は、明日ですか。 시험은 내일입니까?

③ 集まりは、土曜日ですか。 모임은 토요일입니까?

단어
妹さん 남의 여동생을 가리킬 때, 여동생분

3) 문형 3 명사+の+명사 ～의～

① ここが私の家です。 여기가 나의 집입니다.

② 銀行は、駅のとなりです。 은행은 전철역 옆입니다.

③ 彼は、私の友達です。 그는 나의 친구입니다.

단어
銀行 은행   となり 옆

彼 그(사람)

4) 문형 4 ～は、どこですか。～은/는 어디입니까?

① お手洗いは、どこですか。 화장실은 어디입니까?

② エレベーターは、どこですか。 엘리베이터는 어디입니까?

③ レジは、どこですか。계산대는 어디입니까?

| 단어 | エレベーター | 엘리베이터 | レジ | 계산대 |

5) 문형 5 ～じゃありません。～가/이 아닙니다.

① あの建物は、ホテルじゃありません。저 건물은 호텔이 아닙니다.

② それは、食べ物じゃありません。그것은 음식이 아닙니다.

③ ここは、お店じゃありません。여기는 가게가 아닙니다.

| 단어 | ホテル | 호텔 | 食べ物 | 음식 |
| | お店 | 가게 | | |

6) こそあど

사 물	これ 이것	それ 그것	あれ 저것	どれ 어느 것
장 소	ここ 여기	そこ 거기	あそこ 저기	どこ 어디
사람, 사물	この 이	その 그	あの 저	どの 어느 쪽

7) 명사를 대신하는 「の」

① これは、私のじゃありません。이것은 나의 것이 아닙니다.

② それは、山田さんのじゃありません。그것은 야마다 씨 것이 아닙니다.

③ どれが田中さんのですか。어느 것이 다나카 씨 것입니까?

① <ruby>私<rt>わたし</rt></ruby>は<ruby>会社員<rt>かいしゃいん</rt></ruby>です。　　　　　　　　저는 회사원입니다.

➡ _____

② <ruby>日本<rt>にほん</rt></ruby>の<ruby>首都<rt>しゅと</rt></ruby>は、<ruby>東京<rt>とうきょう</rt></ruby>です。　　　　일본 수도는 도쿄입니다.

➡ _____

③ トイレは、どこですか。　　　　　　　화장실은 어디입니까?

➡ _____

④ この<ruby>本<rt>ほん</rt></ruby>は、<ruby>田中<rt>たなか</rt></ruby>さんのですか。　　이 책은 다나카 씨 것입니까?

➡ _____

⑤ それは<ruby>私<rt>わたし</rt></ruby>のじゃありません。　　　그것은 나의 것이 아닙니다.

➡ _____

⑥ あの<ruby>人<rt>ひと</rt></ruby>が<ruby>木村<rt>きむら</rt></ruby>さんです。 저 사람이 기무라 씨입니다.

➡ _____

단어　　<ruby>会社員<rt>かいしゃいん</rt></ruby> 회사원　　　　　　<ruby>首都<rt>しゅと</rt></ruby> 수도

おにぎり (주먹밥) 만들기 1

동영상 QR code

[30초 일본요리] 주먹밥 랭킹1위 참치마요(ツナマヨ) 주먹밥 만들기

일본 주먹밥 「おにぎり」랭킹1위는....!?
초간단 주먹밥 같이 만들어 볼까요?

참치마요(ツナマヨ) 주먹밥

ツナ(シーチキン) 참치 　　　　　　 マヨ(マヨネーズ) 마요네즈

ざいりょう　재료

- ごはん　　　　　갓 지은 뜨끈한 밥
- のり　　　　　김
- しお　　　　　소금
- ツナ　　　　　기름 뺀 캔 참치
- マヨネーズ　　　마요네즈
- ラップ　　　　랩

맛있는 주먹밥 만들기 Point!

- 밥에 소금 뿌려 간 맞추기.
- 캔 참치는 기름을 꼭 빼기.
- 삼각형 모양을 만들 때, 손으로 꾹꾹 누르지 않기.

つくりかた　**만드는 법**

1. 밥에 소금을 적당히 뿌려 간을 맞춘다.
2. 기름 뺀 참치와 마요네즈를 섞는다.
3. 랩 위에 밥을 펼친다.
4. 밥 가운데에 2번을 넣고, 밥을 덮어 주면서 참치마요를 잘 감싸 준다.
5. 삼각형으로 예쁘게 모양 만든다.
6. 김을 붙인다. 　　　　　　　　　　　　　　　　　　　완성!

MEMO

제 02 과

それは、いいですね。
그것은 좋네요.

핵심문형

Clip_01 い형용사

➲ 학습 내용 ────────────────────

1. 문형 6 い형용사＋명사
2. 문형 7 い형용사＋です/ですか ～습니다./습니까?
3. 문형 8 (い형용사)い+くありません/くないです ～하지 않습니다.
     (い형용사)い+くありませんか/くないですか ～하지 않습니까?

---

1 **문형 6** い형용사＋명사

① 広い部屋　넓은 방
② 明るい人　밝은 사람
③ 忙しい日　바쁜 날

단어
広い [い형] 넓다　　　　　明るい [い형] 밝다
忙しい [い형] 바쁘다　　　部屋 방
人 사람　　　　　　　　　日 날

❋ 일본어 형용사

일본어 형용사는 두 가지로 나눌 수 있는데, 하나는 명사를 수식할 때 い로 끝나는 い형용사, 또 하나는 な로 끝나는 な형용사이다.

おもしろい先生　재미있는 선생님 ・・・・ い형용사

きれいな先生　　예쁜 선생님　・・・・ な형용사

> 단어 　おもしろい　[い형] 재미있다　　　　　きれい　[な형] 예쁘다

❋ い형용사

い형용사의 기본형(사전형)은 모두 'い'로 끝난다.

忙しい	바쁘다	楽しい	즐겁다
おもしろい	재미있다	難しい	어렵다
うれしい	기쁘다	かわいい	귀엽다

大きい	크다	⇔	小さい	작다
新しい	새롭다	⇔	古い	오래되다
良い	좋다	⇔	悪い	나쁘다
暑い	덥다	⇔	寒い	춥다
熱い	뜨겁다	⇔	冷たい	차갑다
長い	길다	⇔	短い	짧다
重い	무겁다	⇔	軽い	가볍다
暖かい 温かい	따뜻하다	⇔	涼しい	시원하다
広い	넓다	⇔	狭い	좁다
近い	가깝다	⇔	遠い	멀다
高い	비싸다	⇔	安い	싸다
高い	높다	⇔	低い	낮다
早い 速い	(시간이)빠르다 (속도가)빠르다	⇔	遅い	늦다

やさしい	자상하다	⇔	怖い	무섭다
甘い	달다	⇔	辛い	맵다

❋ い형용사+명사＋です ～한 ～입니다.

- 広い部屋です。넓은 방입니다.

- 新しい車です。새로운 승용차입니다.

- 大きいかばんです。큰 가방입니다.

단어 新しい [い형] 새롭다   大きい [い형] 크다
車 승용차

2 문형 7 い형용사+です/ですか ～습니다/습니까?

① 寒い 춥다

寒いです。춥습니다.

寒いですか。춥습니까?

② A：今日は忙しいですか。오늘은 바쁩니까?

B：今日は忙しいです。오늘은 바빠요.

③ A：これ、どうですか。おいしいですか。이것, 어때요? 맛있어요?

B：少し辛いです。조금 매워요.

단어 寒い [い형] 춥다   おいしい [い형] 맛있다
辛い [い형] 맵다   今日 오늘
どうですか。어떻습니까?   少し 조금

❋ い형용사 정중형(긍정)

긍정문　　　：い형용사＋です ～습니다

긍정・의문문 ：い형용사＋ですか ～습니까?

① 楽しいです。 즐겁습니다.

② 難しいです。 어렵습니다.

③ かわいいです。 귀엽습니다.

④ A：痛いですか。　A: 아파요?

　　B：ちょっと痛いです。　B: 조금 아파요.

단어	楽しい [い형] 즐겁다	難しい [い형] 어렵다
	かわいい [い형] 귀엽다	痛い [い형] 아프다
	ちょっと 조금	

3 문형 8 (い형용사) い+くありません/くないです　~하지 않습니다.
　　　　　(い형용사) い+くありませんか/くないですか　~하지 않습니까?

　　① 甘い　달다

　　　甘くありません。/甘くないです。 달지 않습니다.

　　　甘くありませんか。/甘くないですか。 달지 않습니까?

　　② A：少し　寒くありませんか。/寒くないですか。

　　　　　조금 춥지 않습니까?

　　　B：寒くありません。/寒くないです。 춥지 않습니다.

단어	甘い [い형] 달다

❋ い형용사 정중형(부정)

부정문　　　 : (い형용사) い+くありません/くないです　~하지 않습니다.

부정·의문문 : (い형용사) い+くありませんか/くないですか　~하지 않습니까?

い형용사의 부정형('~하지 않다.')는 어미 'い' 를 'く' 로 바꾸고, 'ない'를 붙여 '~くない' 라고 하면 된다. 정중하게 말할 때는 'ない' 뒤에 'です'를 붙여 'ないです' 라고 하거나, 'ないです'를 'ありません' 으로 바꾸어 표현한다.

い形容詞

	긍정	부정
보통형	おもしろい 재미있다	(い형용사)い + く ない おもしろく ない 재미있지 않다
정중형	い형용사+です おもしろいです 재미있습니다	(い형용사)い + く ないです おもしろく ないです 재미있지 않습니다. (い형용사)い + く ありません おもしろく ありません 재미있지 않습니다.

① 大きい 크다　→　大きくない　→　大きくないです　/大きくありません

② 小さい 작다　→　小さくない　→　小さくないです　/小さくありません

③ 新しい 새롭다　→　新しくない　→　新しくないです　/新しくありません

④ 古い 오래되다　→　古くない　→　古くないです　/古くありません

❀ いい 좋다

「いい 좋다」에 부정형은 「×いくない」가 아닌 「良い」의 활용으로 「良くない」가 된다.

'いい 좋다' 활용

	긍정	부정
보통형	いい 좋다	良くない 좋지 않다
정중형	いいです 좋습니다	良くないです 좋지 않습니다. 良くありません

• 今日は、天気があまり良くないです。　오늘은 날씨가 그다지 좋지 않습니다.

• 今日は、天気があまり良くありません。

| 단어 | 天気　날씨 | あまり　그다지 |

➲ 학습 내용

1. 문형 9 な형용사＋な＋명사
2. 문형 10 な형용사＋です/ですか　〜합니다./합니까?
3. 문형 11 (な형용사) ＋じゃありません/じゃないです　〜하지 않습니다.
   (な형용사) ＋じゃありませんか/じゃないですか　〜하지 않습니까?

1 문형 9 な형용사＋な＋명사

① 有名な人　유명한 사람
② きれいな部屋　깨끗한 방
③ 大切な思い出　소중한 추억

단어 有名 [な형] 유명하다　　　大切 [な형] 소중하다
思い出 추억

✿ **な형용사**

な형용사의 기본형(사전형)은 'な'가 없는 형태이다.

きれい	아름답다, 예쁘다, 깨끗하다	必要	필요하다
有名	유명하다	色々	여러 가지다
親切	친절하다	大変	힘들다
元気	건강하다	大切	소중하다
心配	걱정스럽다	大丈夫	괜찮다
楽	편하다	無理	무리다
簡単	간단하다, 쉽다	熱心	열심히 하다
快適	쾌적하다	真面目	착실하다
ひま	한가하다	むだ	소용없다
ていねい	정중하다		

静か しず	조용하다	⇔	にぎやか	번화하다
便利 べんり	편리하다	⇔	不便 ふべん	불편하다
上手 じょうず	능숙하다	⇔	下手 へた	미숙하다
好き す	좋아하다	⇔	きらい	싫어하다
安全 あんぜん	안전하다	⇔	危険 きけん	위험하다
得意 とくい	잘하다	⇔	苦手 にがて	잘 못하다

✿ な형용사＋な+명사

な형용사가 명사를 수식할 때 'な'를 붙인다.

- 好きな色 좋아하는 색
  す   いろ

- 親切な人 친절한 사람
  しんせつ ひと

- 得意な科目 잘하는 과목
  とくい かもく

단어	好き す [な형] 좋아하다	親切 しんせつ [な형] 친절하다
	得意 とくい [な형] 잘하다	色 いろ 색
	科目 かもく 과목	

✿ い형용사 와 な형용사의 명사 수식/ 보통형/정중형

	い형용사	**な형용사**
기본형 (사전형)	おもしろい 재미있다	しずか 조용하다
명사 수식	い형용사＋명사 おもしろい ほん 재미있는 책	な형용사＋な＋명사 しずかな まち 조용한 동네
보통형	い형용사 おもしろい 재미있다	な형용사＋だ しずかだ 조용하다
정중형	い형용사＋です おもしろいです 재미있습니다	な형용사＋です しずかです 조용합니다

문형 10 な형용사＋です/ですか　～합니다/～합니까?

① 便利です。　편리합니다.

便利ですか。　편리합니까?

② A：今日は、ひまですか。　오늘은 한가합니까?

B：はい、今日はひまです。　네, 오늘은 한가합니다.

단어　便利 [な형] 편리하다　　　　　ひま [な형] 한가하다

✱ な형용사 정중형(긍정)

긍정문　　　　： な형용사＋です　～합니다.

긍정·의문문 ： な형용사＋ですか ～합니까?

① 簡単です。간단합니다. (쉽습니다.)

② 大変です。　힘듭니다.

③ 大丈夫です。　괜찮습니다.

④ A：どうですか。静かですか。　A: 어때요? 조용해요?

B：まあまあ静かです。　B: 그럭저럭 조용해요.

단어　簡単 [な형] 간단하다, 쉽다　　　大変 [な형] 힘들다

大丈夫 [な형] 괜찮다　　　　静か [な형] 조용하다

❸

문형 11 (な형용사) ＋じゃありません/じゃないです　～하지 않습니다.

(な형용사) ＋じゃありませんか/じゃないですか　～하지 않습니까?

① 簡単じゃありません。/簡単じゃないです。쉽지 않습니다.

簡単じゃありませんか。/ 簡単じゃないですか。쉽지 않습니까?

② A：大変じゃありませんか。/大変じゃないですか。힘들지 않아요?

B：大丈夫です。괜찮아요.

✿ **な형용사 정중형(부정)**

부정문　　　 : (な형용사) +じゃありません/じゃないです　 ～하지 않습니다.
부정・의문문 : (な형용사) +じゃありませんか/じゃないですか　 ～하지 않습니까?

な형용사 부정형은 'では ありません'을 붙이면 된다. 회화에서는 'では' 대신 'じゃ'를 써서 '～じゃ ありません'이라고 한다. 또한, 회화에서는 'ありません' 대신 'ないです' 써서 '～じゃないです' 이라고도 한다.

> [な형] きれい :　 きれいでは(じゃ)　ない　 깨끗하지 않다.
> 　　　　　　　　　 きれいでは(じゃ)　ありません　 깨끗하지 않습니다.
> 　　　　　　　　　 きれいでは(じゃ)　ないです　 깨끗하지 않습니다.

	긍정	부정
보통형	な형용사+だ しずかだ 조용하다	な형용사+では ない しずかでは ない 조용하지 않다 しずかじゃ ない
정중형	な형용사+です しずかです 조용합니다	な형용사+では ありません しずかでは ありません 조용하지 않습니다 しずかじゃ ありません
		な형용사+では ないです しずかでは ないです 조용하지 않습니다 しずかじゃ ないです

Clip_03　 형용사 て형

➲ **학습 내용** ───────────

　 1. 문형 12 (い형용사)い +くて　 ～하고, ～해서
　 2. 문형 13 な형용사 +で　 ～하고, ～해서

1 　**문형 12** (い형용사)い ＋くて　～하고, ～해서

① 安くて、おいしいです。 싸고 맛있습니다.

② 小さくて、かわいいです。 작고 귀엽습니다.

③ このかばんは大きくて、じょうぶです。 이 가방은 크고 튼튼합니다.

단어　　じょうぶ [な형] 튼튼하다

❋ 'て형' 이란

형용사나 동사에 'て'를 붙이면 '~하고, ~해서'라는 뜻이 된다.

이 때 형용사나 동사 뒤에 바로 'て'를 붙일 수 없고, 형용사와 동사를 'て형' 으로 만들어야 한다.

い형용사 : 近い・便利　　→ 駅が 近くて 便利です。 전철역이 가깝고 편리합니다.

な형용사 : 親切・やさしい → かれは、親切で やさしいです。 그는 친절하고 자상합니다.

동사　　　 : 待つ(기다리다) → 待って。기다려.

　　　　　　　　　　　　→ 待って ください。기다려 주세요.

　　　　　　　　　　　　→ 待って います。기다리고 있습니다.

　　　　　　　　　　　　→ 待って みます。기다려 봅니다.

　　　　　　　　　　　　→ 待ってから いきます。기다리고 나서 가겠습니다.

이처럼 'て형'을 활용하면 다양한 문장을 만들 수 있게 된다. (동사'て형'은 5과.)

❋ い형용사 て형 : (い형용사)い ＋くて　～하고, ～해서

い형용사의 て형 ('~하고, ~해서')는 어미'い' 를 'く' 로 바꾸고, 'て'를 붙여 '~くて' 라고 하면 된다.

① おいしい　　맛있다　　→ おいしいくて　→ おいしくて

② 楽しい　　　즐겁다　　→ 楽しいくて　　→ 楽しくて

③ おもしろい　재미있다　→ おもしろいくて → おもしろくて

2 문형 13 な형용사＋で ～하고, ～해서

① 楽で便利です。편하고 편리합니다.

② 私の先生は、ハンサムで、まじめな人です。
   저의 선생님은 잘 생기고 착실한 사람입니다.

✳ **な형용사 て형 ： な형용사＋で ～하고, ～해서**

な형용사 て형은 な형용사에 'て'가 아닌 'で' 를 붙인다.

① 静か 조용하다 → 静かで

② きれい 깨끗하다 → きれいで

③ 便利 편리하다 → 便利で

④ 上手 능숙하다 → 上手で

1) 문형 6 い형용사＋명사 ～한 ～

① 彼は、やさしい人です。 그는 자상한 사람입니다.

② これは、温かい飲み物です。 이것은 따뜻한 음료입니다.

③ 今日は、いい天気ですね。 오늘은 좋은 날씨네요.

단어			
やさしい	[い형] 자상하다	温かい	[い형] 따뜻하다
飲み物	음료	いい	[い형] 좋다

2) 문형 7 い형용사＋です/ですか ～습니다/습니까?

① A：おいしいですか。 맛있어요?

   B：はい、とてもおいしいです。 네, 아주 맛있어요.

② A：授業は、楽しいですか。 수업은 즐거워요?

   B：はい、とても楽しいです。 네, 아주 즐거워요.

③ A：最近、忙しいですか。 요즘 바빠요?

   B：はい、とても忙しいです。 네, 아주 바빠요.

단어			
とても	아주	最近	요즘

3) 문형 8 (い형용사) い＋くありません/くないです ～하지 않습니다.
(い형용사) い＋くありませんか/くないですか ～하지 않습니까?

① A：家は、遠いですか。 집은 멀어요?

   B：いいえ、あまり遠くありません。 아니요, 그다지 멀지 않습니다.

   いいえ、あまり遠くないです。

② A：難しくありませんか。 어렵지 않아요?

   難しくないですか。

B : ちょっと難しいです。 조금 어려워요.

③ A : 怖くありませんか。 무섭지 않아요?

　　　怖くないですか。

　　B : 全然、怖くありません。 전혀 무섭지 않아요.

　　　全然、怖くないです。

단어		
遠い	[い형] 멀다	怖い　[い형] 무섭다
全然	전혀	

4) 문형 9 な형용사＋명사　 ～한 ～

① A : 好きな食べ物は、何ですか。 좋아하는 음식은 무엇입니까?

　　B : おすしです。　 초밥입니다.

② A : 得意な科目は、何ですか。 잘하는 과목은 무엇입니까?

　　B : 数学です。 수학입니다.

③ ここは、安全な地域です。 여기는 안전한 지역입니다.

단어		
食べ物	음식	数学　수학
安全	[な형] 안전하다	地域　지역

5) 문형 10 な형용사＋です/ですか ～합니다. / 합니까?

① パスポートは、必要ですか。 여권은 필요합니까?

② 妹さんは、元気ですか。 여동생 분은 잘 있어요?

③ 大丈夫ですか。 괜찮습니까?

단어		
パスポート	여권	必要　[な형] 필요하다
元気	[な형] 건강하다	

6) 문형 11 (な형용사) +じゃありません/じゃないです **~하지 않습니다.**

(な형용사) +じゃありませんか/じゃないですか **~하지 않습니까?**

① A：心配じゃありませんか。걱정되지 않습니까?

心配じゃないですか。

B：ちょっと心配です。조금 걱정입니다.

② A：不便じゃありませんか。불편하지 않습니까?

不便じゃないですか。

B：不便じゃありませんよ。불편하지 않아요.

不便じゃないですよ。

③ 英語は得意じゃありません。영어는 잘하지 않습니다.

英語は得意じゃないです。

단어			
心配	[な형] 걱정하다	不便	[な형] 불편하다
英語	영어		

7) 문형 12 (い형용사)い + くて **~하고, ~해서**

① 家は、古くて狭いです。집은 낡고 좁습니다.

② 高くてまずいお店です。비싸고 맛없는 가게입니다.

③ 暑くて大変な一日です。덥고 힘든 하루입니다.

단어			
古い	[い형] 오래되다	狭い	[い형] 좁다
高い	[い형] 비싸다	まずい	[い형] 맛없다
暑い	[い형] 덥다	一日	하루

8) 문형 13 な형용사+で **~하고, ~해서**

① きれいで有名な人です。예쁘고 유명한 사람입니다.

② まじめで熱心な先生です。착실하고 열심인 선생님입니다.

③ 電車が便利で速いです。전철이 편리하고 빠릅니다.

단어

きれい [な형] 예쁘다, 깨끗하다, 아름답다

まじめ [な형] 착실하다

便利 [な형] 편리하다

有名 [な형] 유명하다

熱心 [な형] 열심하다

速い [い형] 빠르다

① 私の先生は少し厳しいです。でも、おもしろい先生です。

저의 선생님은 조금 엄합니다. 하지만, 재미있는 선생님입니다.

➡ _____

② 韓国語は、難しくありませんか。　　　　한국어는 어렵지 않습니까?

➡ _____

③ 好きな食べ物は何ですか。　　　　　좋아하는 음식은 무엇입니까?

➡ _____

④ 仕事は、大変じゃありませんか。　　　일은 힘들지 않습니까?

➡ _____

⑤ コンビニが近くて便利ですよ。　　　　편의점이 가깝고 편리해요.

➡ _____

⑥ 駅前なので、にぎやかで楽しいです。　전철역 앞이어서 번화하고 즐겁습니다.

➡ _____

단어　　厳しい [い형] 엄하다　　　　でも　하지만

駅前　역 앞

おにぎり (주먹밥) 만들기 2

동영상 QR code

[30초 일본요리] 주먹밥 랭킹2위 오카카 (おかか) 주먹맙 만들기

일본 주먹밥 「おにぎり」랭킹2위는....!?
초간단 주먹밥 같이 만들어 볼까요?

오카카(おかか) 주먹맙
おかか 가다랑어 포 (かつおぶし)

ざいりょう 재료

- ごはん   갓 지은 뜨끈한 밥
- かつおぶし   가다랑어 포
- ラップ   랩
- のり   김
- しょうゆ   간장

맛있는 주먹밥 만들기 Point!
- 가츠오부시를 살짝 볶고 손으로 부셔 주기.
- 삼각형 모양을 만들 때, 손으로 꾹꾹 누르지 않기.

つくりかた 만드는 법
1. 가츠오부시를 후라이팬에 약한 불로
   약 10초간 흔들면서 볶는다.
2. 가츠오부시를 손으로 부셔 주세요.
3. 가츠오부시에 간장을 조금 넣고 골고루 잘 섞는다.
4. 랩 위에 밥을 펼친다.
5. 밥에 3을 넣고 골고루 섞는다.
6. 삼각형으로 예쁘게 모양 만들고, 김을 붙인다.   완성!

MEMO

毎朝7時に起きます。

매일 아침 7시에 일어납니다.

Clip_01 동사의 종류

➔ 학습 내용

1. 일본어 동사
2. 동사의 종류
3. 문형 14 동사 **ます**형+**ます** ～합니다.

---

1 일본어 동사

① 手紙を書く。 편지를 쓰다.

② ジュースを飲む。 주스를 마시다.

③ 友達に会う。 친구를 만나다.

④ 田中さんを待つ。 다나카 씨를 기다리다.

⑤ 先生と話す。 선생님과 이야기하다.

⑥ 子供と遊ぶ。 아이와 놀다.

⑦ 10時に寝る。 10시에 자다.

단어　동사 :
*[동1]- 1그룹동사, [동2]- 2그룹동사, [동3]- 3그룹동사

書く [동1] 쓰다　　　　　　飲む [동1] 마시다

会う [동1] 만나다　　　　　待つ [동1] 기다리다

話す [동1] 이야기하다　　　　　　　　　　遊ぶ [동1] 놀다

寝る [동2] 자다

✽ 일본어 동사

- 기본형이 「う단」으로 끝난다.

쓰다	かく	ka-ku
마시다	のむ	no-mu
만나다	あう	a-u
기다리다	まつ	ma-tsu
이야기하다	はなす	ha-na-su
놀다	あそぶ	a-so-bu
자다	ねる	ne-ru

2 동사 활용
① 朝ご飯を食べる。아침밥을 먹는다.
② 朝ご飯を食べます。아침밥을 먹습니다.
③ 朝ご飯を食べた。아침밥을 먹었다.
④ 朝ご飯を食べています。아침밥을 먹고 있습니다.
⑤ 朝ご飯を食べない。아침밥을 먹지 않는다.

단어　朝ご飯 아침 식사　　　　　　　　　食べる [동2] 먹다

✽ 동사 활용

「~ます」「~た」「~て」「~ない」 등에 접속할 때 형태가 변하는 것을 활용이라고 한다.

食べる　　(기본형) 먹다

食べます　(정중형, ます형) 먹습니다

食べた　　(과거형, た형) 먹었다

食べて　　(て형) 먹고, 먹어서

<ruby>食<rt>た</rt></ruby>べない　　(부정형, ない형)　먹지 않다

✽ 동사의 종류

일본어 동사는 모든 동사가 똑같이 활용되지 않고, 활용 형태에 따라 동사를 세 가지로 구분한다.

❖ 1그룹

1) 「る」로 끝나지 않는 동사는 무조건 1그룹.

　「う단」(う、く、す、つ、ぬ、ふ、む、ゆ로 끝나는 동사)

<ruby>会<rt>あ</rt></ruby>う 만나다　　　<ruby>書<rt>か</rt></ruby>く 쓰다　　　<ruby>話<rt>はな</rt></ruby>す 이야기하다

<ruby>待<rt>ま</rt></ruby>つ 기다리다　　<ruby>遊<rt>あそ</rt></ruby>ぶ 놀다　　　<ruby>飲<rt>の</rt></ruby>む 마시다

2) 「る」로 끝나는 동사 중, **「る(** 앞에 오는 모음이 **「あ(a)、う(u)、お(o)」**인 것.

- [a] : あ[a]る 있다　　　　　おわ[wa]る 끝나다
- [u] : ふ[fu]る (비, 눈이)내리다　おく[ku]る 보내다
- [o] : と[to]る 잡다, (사진을) 찍다　もど[do]る 되돌아가다

| 단어 | 동사 : |

ある　[동1] (사물이) 있다　　　　<ruby>終<rt>お</rt></ruby>わる　[동1] 끝나다

<ruby>降<rt>ふ</rt></ruby>る　[동1] (비, 눈이) 내리다　　<ruby>送<rt>おく</rt></ruby>る　[동1] 보내다

<ruby>取<rt>と</rt></ruby>る　[동1] 잡다　　　　　　　とる　[동1] 잡다, (사진을) 찍다

<ruby>戻<rt>もど</rt></ruby>る　[동1] 되돌아가다

<예외!>

「る」로 끝나고, 「る」앞에 오는 모음이 「い(i)、え(e)」임에도 1그룹으로 활용 하는 동사.

| 단어 | ① <ruby>切<rt>き</rt></ruby>る 자르다　　② <ruby>走<rt>はし</rt></ruby>る 달리다 |

① <ruby>切<rt>き</rt></ruby>る　자르다　　　② <ruby>走<rt>はし</rt></ruby>る　달리다

③ <ruby>知<rt>し</rt></ruby>る　알다　　　　④ <ruby>帰<rt>かえ</rt></ruby>る　돌아가다

⑤ <ruby>入<rt>はい</rt></ruby>る　들어가다　　⑥ <ruby>減<rt>へ</rt></ruby>る　줄다

⑦ <ruby>要<rt>い</rt></ruby>る　필요하다　　⑧ ける　(발로) 차다

❖ 2그룹

「る」로 끝나는 동사 중,「る」 앞에 오는 모음이 「い(i)、え(e)」인 동사.

食べる(ta-be-ru)　먹다　　　　　みる(mi-ru)　보다

寝る　　　　자다　　　　　いる　　　　(사람이)있다

起きる　　　일어나다　　　借りる　　　빌리다

❖ 3그룹(불규칙 동사)

• 3그룹　동사는「する　하다」와「くる　오다」두 개 밖에 없다
• 활용 규칙이 없기 때문에, 활용할 때마다 형태를 따로 외워야 한다.

① する 하다

勉強(を)する　　공부(를) 하다
そうじ(を)する　청소(를) 하다
料理(を)する　　요리(를) 하다

② 来る 오다

③　문형 14　동사 ます형+ます　～합니다.

① 毎日、日記を書きます。매일 일기를 씁니다.
② 何人いますか。몇 명 있습니까?
③ いつも何時に寝ますか。항상 몇시에 잡니까?
④ メールを送ります。메일 보내겠습니다.
⑤ 何時ごろ来ますか。몇 시쯤 옵니까?
⑥ 8時には帰ります。8시에는 돌아가겠습니다.
⑦ 今日は、かみを切ります。오늘은 머리를 자릅니다.

단어　毎日　매일　　　　　　　　日記　일기

何人　몇 명　　　　　　　　いつも　항상

何時　몇 시　　　　　　　　～ごろ　~쯤

送る [동1] 보내다　　　　　　　　　かみ　머리카락

✿ 동사 'ます형' 이란

동사에 'ます'가 붙으면 정중한 표현이 된다. 이 때 동사는 형태를 바꿔야 하는데, 그 변한 형태를 'ます형'이라고 한다.

ます형은 동사의 종류에 따라 만드는 법이 다르다.

✿ ます형 만드는 법

❖ 1그룹

어미를 「い」단으로 바꾼 뒤 「ます」를 붙인다.

예) 行く　가다　→　行き　ます　갑니다

```
か　き　く　け　こ
　　↑
　「い」단
```

待つ	기다리다	→	待ちます	기다립니다
遊ぶ	놀다	→	遊びます	놉니다
話す	이야기하다	→	話します	이야기합니다

Tip　예외 동사 : 1그룹으로 활용하는 동사.

①	切る	자르다	→	切ります。	자릅니다.
②	走る	달리다	→	走ります。	달립니다.
③	知る	알다	→	*知ります。	압니다.
④	帰る	돌아가다	→	帰ります。	돌아갑니다.
⑤	入る	들어가다	→	入ります。	들어갑니다.
⑥	減る	줄다	→	減ります。	줄어듭니다.
⑦	要る	필요하다	→	要ります。	필요합니다.
⑧	ける	(발로) 차다	→	けります。	찹니다.

* 知る 의 ます형은 知ります 이지만, 실제로 쓰일 때는 知っています。라고 한다.

❖ **2그룹**

어미의 「る」를 떼고 「ます」를 붙인다.

예) 起きる 일어나다 → 起きる +ます → 起きます 일어납니다

    食べる   먹다   →   食べます 먹습니다

    見る   보다   →   見ます   봅니다

    教える 가르치다   →   教えます 가르칩니다

❖ **3그룹**

1) する 하다 → します 합니다

    勉強する   공부하다   →   勉強します   공부합니다

    そうじする   청소하다   →   そうじします   청소합니다

2) 来る 오다 → 来ます 옵니다

Tip 「来る오다」는 같은 한자 '来'임에도 발음이 「来ます 옵니다」로 바뀐다.

Clip_02 동사 ます형 활용

➔ **학습 내용**

1. 문형 15 동사 ます형+ません ～하지 않습니다.
2. 문형 16 권유 표현: ～んですけど～ませんか。～인데요, ～지 않을래요?
3. 문형 17 동사 ます형+に行く ～하러 가다.
4. 문형 18 동사 ます형+ましょう ～합시다.
5. 문형 19 동사 ます형+ましょうか ～할까요?

1 문형 15 동사 ます형+ません ~하지 않습니다.

① A：週末は家にいますか。 주말은 집에 있습니까?

B：いいえ、土曜日は家にいません。 아니요, 토요일은 집에 없습니다.

② A：毎日運転しますか。 매일 운전해요?

B：いいえ、毎日はしません。 아니요, 매일은 안 해요.

단어　週末 주말　　　　　　　　　　　*いる [동2] (사람이) 있다
　　　運転する [동3] 운전하다

Tip 있다-없다

・いる [동2]　/ いない　(사람이) 있다/없다
・ある [동1]　/ ない　　(사물이) 있다/없다

✱ **동사 ます형+ません ~하지 않습니다.**

待つ [동1] 기다리다　→ 待ちます 기다립니다　→ 待ちません 기다리지 않습니다

遊ぶ [동1] 놀다　　　→ 遊びます 놉니다　　　→ 遊びません 놀지 않습니다

話す [동1] 이야기하다 → 話します 이야기합니다 → 話しません 이야기하지 않습니다

2 문형 16 ~んですけど~ませんか。 ~인데요, ~지 않을래요?
　　 문형 17 동사 ます형+に行く ~하러 가다.

① 今からお昼食べに行くんですけど、一緒に行きませんか。

지금 점심 먹으러 가는데요, 같이 가지 않을래요?

② 映画のチケットが2枚あるんですけど、一緒に見に行きませんか。

영화 티켓이 두 장 있는데요, 같이 보러 가지 않을래요?

③ 今、地下鉄の駅にいるんですけど、10分後に学校の前で会いませんか。

지금 지하철 역에 있는데요, 10분 후에 학교 앞에서 만나지 않을래요?

단어　今 지금　　　　　　　　　　　~から ~부터

お昼（ひる） 점심	行（い）く [동1] 가다
一緒（いっしょ）に 같이	映画（えいが） 영화
チケット 티켓	~枚（まい） ~장
地下鉄（ちかてつ） 지하철	駅（えき） 전철역
~後（ご） ~후	前（まえ） 앞

✾ **권유 표현: (동사 기본형)＋んですけど、(동사 ます형)ませんか。 ~인데요, ~지 않을래요?**

- A : 今（いま）から田中（たなか）さんと会（あ）うんですけど、一緒（いっしょ）に行（い）きませんか。

  지금 다나카 씨와 만나는데요, 같이 가지 않을래요?

  B : いいですよ。좋아요.

- A : 今週末（こんしゅうまつ）、海（うみ）に遊（あそ）びに行（い）くんですけど、一緒（いっしょ）に行（い）きませんか。

  이번 주말에 바다에 놀러 가는데요, 같이 가지 않을래요?

  B : いいですね。좋아요.

단어	今週末（こんしゅうまつ） 이번 주말	海（うみ） 바다

✾ **동사 ます형＋に行（い）く ~하러 가다**

会（あ）う → 会（あ）い＋ます → 会（あ）いに行（い）く 만나러 가다

食（た）べる → 食（た）べ＋ます → 食（た）べに行（い）く 먹으러 가다

運動（うんどう）する → 運動（うんどう）し＋ます → 運動（うんどう）しに行（い）く 운동하러 가다

단어	運動（うんどう）する [동3] 운동하다

3 **문형 18** 동사 ます형＋ましょう ~합시다.
① それでは、がんばりましょう。그럼 열심히 합시다.
② もう少（すこ）し大（おお）きな声（こえ）で言（い）いましょう。조금 더 크게 말합시다.

단어	それでは 그럼	がんばる [동1] 힘내다, 분발하다, 열심히 하다

もう少し　조금 더

大きな　큰

声　소리

言う　[동1] 말하다

✾ 동사 ます형＋ ましょう ～합시다.

待つ [동1]기다리다　→ 待ちます 기다립니다　→ 待ちましょう 기다립시다

遊ぶ [동1]놀다　→ 遊びます 놉니다　→ 遊びましょう 놉시다

話す [동1]이야기하다　→ 話します 이야기합니다　→ 話しましょう 이야기합시다

④ 문형 19　동사 ます형 ＋ましょうか　～할까요?

① 窓を開けましょうか。창문을 열까요?

② 駅まで迎えに行きましょうか。역까지 마중 나갈까요?

단어　窓　창문　　　開ける [동2] 열다

迎えに行く [동1] 마중 나가다

✾ 동사 ます형 ＋ましょうか ～할까요?

・A : ちょっと休みましょうか。 조금 쉴까요?

　B : そうですね。 그래요.

・A : コーヒーでも飲みに行きましょうか。 커피라도 마시러 갈까요?

　B : いいですね。そうしましょう。좋아요. 그렇게 합시다.

단어　休む [동1] 쉬다　　　コーヒー 커피

～でも ~라도

Clip_03　형용사의 동사 수식

⊃ 학습 내용 ───────────────

1. 문형 20 い형용사い＋く＋동사　～하게
2. 문형 21 な형용사＋に＋동사　～하게

1 　**문형 20** い형용사い＋く＋동사　～하게

① 毎日楽しく過ごす。매일 즐겁게 보내다.

② 部屋を暗くする。방을 어둡게 하다.

③ もう少し濃くしましょうか。조금 더 진하게 할까요?

④ 毎朝早く起きます。매일 아침 일찍 일어납니다.

⑤ 字は正しく書きましょう。글은 올바르게 씁시다.

단어

楽しい [い형] 즐겁다		暗い [い형] 어둡다
濃い [い형] 진하다		早い [い형] 빠르다
正しい [い형] 올바르다		過ごす [동1] 지내다, 보내다
毎朝 매일 아침		起きる [동2] 일어나다
字 글		

❉ **い형용사의 동사 수식: い형용사い＋く＋동사**

おもしろい 재미있다 → おもしろく 재미있게

大きい 크다 → 大きく 크게

広い 넓다 → 広く 넓게

2 　**문형 21** な형용사＋に＋동사　～하게

① ていねいに包む。꼼꼼히 포장하다.

② 熱心に教える。열심히 가르치다.

③ 十分に寝る。충분히 자다.

④ きれいにそうじしましょう。깨끗이 청소합시다.

⑤ 元気にあいさつしましょう。힘차게 인사합시다.

⑥ これからまじめに勉強します。앞으로 착실하게 공부합니다.

단어

ていねい [な형] 꼼꼼하다, 정중하다		熱心 [な형] 열심하다
十分 [な형] 충분하다		きれい [な형] 깨끗하다, 아름답다, 예쁘다

元気　[な형] 힘차다, 건강하다　　　　　　　まじめ　[な형] 착실하다

✤ な형용사의 동사 수식 : な형용사＋に＋동사

大切　소중하다　→　大切に　소중히

簡単　간단하다　→　簡単に　간단하게

静か　조용하다　→　静かに　조용히

문형패턴연습

1) 문형 14 동사 ます형＋ます ~합니다.

① 学校に行きます。학교에 갑니다.

② もう少し待ちます。조금 더 기다립니다.

③ 家に帰ります。집에 돌아갑니다.

④ 7時に起きます。7시에 일어납니다.

⑤ ソウルを案内します。서울을 안내합니다.

단어 　案内する [동3] 안내하다

2) 문형 15 동사 ます형＋ません ~하지 않습니다.

① 牛乳は飲みません。우유는 마시지 않습니다.

② たばこは吸いません。담배는 피우지 않습니다.

③ 袋はいりません。봉투는 필요하지 않습니다.

④ 誰もいません。아무도 없습니다.

⑤ 会議に出席しません。회의에 출석하지 않습니다.

단어 　牛乳　우유　　　　　　たばこ　담배
　　　　　吸う [동1] 피우다　　　袋　봉투
　　　　　いる [동1] 필요하다　　誰も　아무도
　　　　　いる [동2] (사람이) 있다　会議　회의
　　　　　出席　출석

3) 문형 16 권유 표현: ~んですけど~ませんか。 ~인데요, ~지 않을래요?

① 今から運動しに行くんですけど、一緒に運動しませんか。

　　지금 운동하러 가는데요, 같이 운동하지 않을래요?

② 明日コンサートがあるんですけど、一緒に行きませんか。

　　내일 콘서트가 있는데요, 같이 가지 않을래요?

③ 今から田中さんが来るんですけど、一緒に会いませんか。

　　지금 다나카 씨가 오는데요, 같이 만나지 않을래요?

단어	運動する [동3] 운동하다	一緒に 같이
	コンサート 콘서트	

4) 문형 17 동사 ます형＋に行く ～하러 가다

① くつを買いに行きます。신발을 사러 갑니다.

② 家族と夕食を食べに行きます。가족과 저녁을 먹으러 갑니다.

③ 明日は、映画を見に行きます。내일은 영화를 보러 갑니다.

단어	くつ 신발	家族 가족
	夕食 저녁 식사	

5) 문형 18 동사 ます형＋ましょう ～합시다.

① そろそろ帰りましょう。슬슬 집에 갑시다. (돌아갑시다.)

② 次の駅で降りましょう。다음 역에서 내립시다.

③ 出発しましょう。출발합시다.

단어	そろそろ 슬슬	次 다음

6) 문형 19 동사 ます형 ＋ましょうか ～할까요?

① ちょっと歩きましょうか。좀 걸을까요?

② 先に食べましょうか。먼저 먹을까요?

③ 私が案内しましょうか。제가 안내할까요?

단어	ちょっと 좀	歩く [동1] 걷다
	先に 먼저	

7) 문형 20 い형용사い＋く＋동사 ～하게

① もう少し辛くしましょうか。조금 더 맵게 할까요?

② 早く行きましょう。빨리 갑시다.

③ じゃがいもとお肉を小さく切ります。감자와 고기를 작게 자릅니다.

④ もう少し細かく切りましょう。조금 더 잘게 자릅시다.

단어	辛い [い형] 맵다	細かい [い형] 잘다

8) 문형 21 な형용사＋に＋동사 ～하게

① 静かにしましょう。조용히 합시다.

② お水を大切に使いましょう。물을 소중히 사용합시다.

③ 交通が便利になる。교통이 편리해집니다.

단어	お水 물	使う [동1] 사용하다
	なる [동1] 되다	

① 毎朝7時に起きます。　　　　　　　매일 아침 7시에 일어납니다.

➡ _____

② 近所においしいコーヒーショップがあるんですけど、今度一緒に行きませんか。

　근처에 맛있는 커피숍이 있는데요, 다음에 같이 가지 않을래요?

➡ _____

③ いつ行きましょうか。　　　　　　　언제 갈까요?

➡ _____

④ じゃがいもをきれいに洗います。　　감자를 깨끗이 씻습니다.

➡ _____

⑤ じゃがいもとお肉を小さく切ります。　감자와 고기를 작게 자릅니다.

➡ _____

⑥ もう少し細かく切りましょう。　　　조금 더 잘게 자릅시다.

➡ _____

단어		
近所 근처		起きる [동2] 일어나다
おいしい [い형] 맛있다		コーヒーショップ 커피숍
今度 다음 번에		じゃがいも 감자
洗う [동1] 씻다		お肉 고기

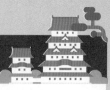

쉬어가기

<h2 style="text-align:center">日本の家庭料理　일본의 가정요리</h2>

<small>にほん　かていりょうり</small>

일본의 가정요리에 대한 동영상 강의를 들어 보세요!

동영상 QR code

목차

1. 日本が世界に誇る和食文化　一汁三菜

   (일본이 세계에 자랑하는 일식문화 일즙삼채)

2. 和食・だし・うま味のはなし

   (일식, 다시, 감칠맛 이야기)

3. 味つけの順番「さしすせそ」

   (맛을 내는 순서 「사・시・스・세・소」)

4. 家庭料理のランキング

   (가정요리 랭킹)

ヒット食品(히트한 식품)

일본의 요리사이트

문법PLUS

동사

1그룹 동사

書(か)く	쓰다	行(い)く	가다
働(はたら)く	일하다	聞(き)く	듣다
急(いそ)ぐ	서두르다	泳(およ)ぐ	수영하다
死(し)ぬ	죽다	遊(あそ)ぶ	놀다
呼(よ)ぶ	부르다	休(やす)む	쉬다
読(よ)む	읽다	飲(の)む	마시다
買(か)う	사다	会(あ)う	만나다
習(なら)う	배우다	吸(す)う	빨다, 피우다
手伝(てつだ)う	도와주다	もらう	받다, 얻다
持(も)つ	들다	待(ま)つ	기다리다
帰(かえ)る	돌아가다	入(はい)る	들어가다
降(ふ)る	(비, 눈이) 오다	ある	(물건이)있다
終(お)わる	끝나다	取(と)る	잡다, 들다
切(き)る	자르다	送(おく)る	보내다
知(し)る	알다	かかる	걸리다, 들다
曲(ま)がる	구부러지다, 돌다	話(はな)す	이야기하다
貸(か)す	빌려주다	出(だ)す	내다, 꺼내다
消(け)す	끄다, 지우다	上(あ)がる	올라가다
暮(く)らす	지내다, 살다	謝(あやま)る	사과하다
歩(ある)く	걷다	動(うご)く	움직이다
歌(うた)う	노래 부르다	写(うつ)す	그리다, 묘사하다
起(お)こす	일으키다	選(えら)ぶ	고르다
怒(おこ)る	화내다	笑(わら)う	웃다
押(お)す	밀다	踊(おど)る	춤추다
驚(おどろ)く	놀라다	思(おも)う	생각하다
折(お)る	접다	移(うつ)す	옮기다
泊(と)まる	묵다	去(さ)る	떠나다
登(のぼ)る	오르다	走(はし)る	달리다
通(かよ)う	다니다	横切(よこぎ)る	가로지르다
飛(と)ぶ	날다	渡(わた)る	건너다
着(つ)く	도착하다	戻(もど)る	되돌아가다
至(いた)る	도달하다	教(おそ)わる	가르침을 받다, 배우다
思(おも)い出(だ)す	생각나다	撮(と)る	(사진을) 찍다

間(ま)に合(あ)う	제시간에 가다(오다) 늦지 않다.	かぶる	(모자를) 쓰다
困(こま)る	고민되다		

2그룹 동사

食(た)べる	먹다	寝(ね)る	자다
起(お)きる	일어나다	借(か)りる	빌리다
見(み)る	보다	いる	(사람이) 있다
教(おし)える	가르치다	あげる	주다
かける	걸다	迎(むか)える	맞다, 맞이하다
疲(つか)れる	피곤하다, 지치다	出(で)る	나가다, 나오다
見(み)せる	보여주다	つける	붙이다, 켜다
浴(あ)びる	(주목을)받다, (아침 햇살을)쬐다	止(と)める	세우다, 멈추다, 고정시키다
開(あ)ける	열다	閉(し)める	닫다
足(た)りる	충분하다, 족하다	着(き)る	입다
入(い)れ替(か)える	교체하다	植(う)える	(나무를) 심다
生(う)まれる	태어나다	遅(おく)れる	늦다
覚(おぼ)える	외우다, 기억하다	降(お)りる	내리다
折(お)れる	접히다	離(はな)れる	(거리가 멀리) 떨어지다
届(とど)ける	전하다	上(あ)げる	올리다, 들다
答(こた)える	대답하다		

3그룹 동사 (불규칙동사)

する	하다	来(く)る	오다
あいさつする	인사하다	安心(あんしん)する	안심하다
遠慮(えんりょ)する	사양하다	案内(あんない)する	안내하다
散歩(さんぽ)する	산책하다	招待(しょうたい)する	초대하다
合格(ごうかく)する	합격하다	失敗(しっぱい)する	실패하다
出席(しゅっせき)する	출석하다	出発(しゅっぱつ)する	출발하다
失礼(しつれい)する	실례하다	故障(こしょう)する	고장 나다
参加(さんか)する	참가하다	支度(したく)する	일을 준비하다
経験(けいけん)する	경험하다	コピーする	복사하다
質問(しつもん)する	질문하다	卒業(そつぎょう)する	졸업하다
入学(にゅうがく)する	입학하다	到着(とうちゃく)する	도착하다
入場(にゅうじょう)する	입장하다	退場(たいじょう)する	퇴장하다
達(たっ)する	도달하다	びっくりする	놀라다

納豆を食べたことがありますか。

낫토를 먹은 적이 있습니까?

단어　**納豆**　낫토(삶은 콩을 발효시켜 만든 일본 전통음식)

Clip_01　동사의 과거형, 동사 た형, 형용사의 과거형, 명사의 과거형

➲ 학습 내용 ─────────────────────

1. 문형 22 동사 ます형＋ました/ましたか　～했습니다./했습니까?
2. 문형 23 동사 ます형＋ませんでした/ませんでしたか　～하지 않았습니다./않았습니까?
3. 문형 24 동사 た형＋たことがあります/たことがありますか　～한 적이 있습니다./있습니까?
4. 문형 25 い형용사い＋かったです/かったですか　～했습니다./했습니까?
5. 문형 26 い형용사い＋くなかったです/くなかったですか　～하지 않았습니다./않았습니까?
6. 문형 27 な형용사い＋でした/でしたか　～했습니다./했습니까?
7. 문형 28 な형용사い＋じゃなかったです/じゃなかったですか　～하지 않았습니다./않았습니까?
8. 문형 29 명사＋でした/でしたか　～이었습니다/이었습니까?
9. 문형 30 명사＋じゃなかったです/じゃなかったですか　～이/가 아니었습니다./아니었습니까?

1　문형 22 동사 ます형＋ました/ましたか　～했습니다./ 했습니까?

① 行きました。　갔습니다.

② 起きました。　일어났습니다.

③ 来ました。　왔습니다.

④ しました。　했습니다.

단어	行く	[동1] 가다		起きる	[동2] 일어나다
	来る	[동3] 오다		する	[동3] 하다

✿ **동사 과거형: 동사 ます형＋ました/ましたか ～했습니다./ ～했습니까?**

❖ 1그룹

待つ	기다리다	→	待ちました	기다렸습니다
遊ぶ	놀다	→	遊びました	놀았습니다
話す	이야기하다	→	話しました	이야기했습니다

❖ 2그룹

食べる	먹다	→	食べました	먹었습니다
見る	보다	→	見ました	봤습니다
教える	가르치다	→	教えました	가르쳤습니다

❖ 3그룹

1) する 하다 → しました 했습니다

勉強する	공부하다	→	勉強しました	공부했습니다
そうじする	청소하다	→	そうじしました	청소했습니다

2) 来る 오다 → 来ました 옵니다

2 **문형 23** 동사 ます형+ませんでした ～하지 않았습니다.
동사 ます형+ませんでしたか 하지 않았습니까?

① 買いませんでした。사지 않았습니다.

② A : 昨日、田中さんに会いましたか。어제 다나카 씨를 만났습니까?

B : いいえ、会いませんでした。아니요, 만나지 않았습니다.

단어	買う	[동1] 사다		会う	[동1] 만나다

✻ 동사 과거 부정형: 동사 ます형＋ませんでした　〜하지 않았습니다.
　　　　　　　　　동사 ます형＋ませんでしたか　하지 않았습니까?

❖ 1그룹

待つ　　기다리다　　→　待ちませんでした　만나지 않았습니다

遊ぶ　　놀다　　　　→　遊びませんでした　놀지 않았습니다

話す　　이야기하다　→　話しませんでした　이야기하지 않았습니다

❖ 2그룹

食べる　먹다　　　　→　食べませんでした　먹지 않았습니다

見る　　보다　　　　→　見ませんでした　　보지 않았습니다

教える　가르치다　　→　教えませんでした　가르치지 않았습니다

❖ 3그룹

1) する　하다　→　しませんでした　하지 않았습니다

勉強する　　공부하다　　→　勉強しませんでした　　공부하지 않았습니다

そうじする　청소하다　　→　そうじしませんでした　청소하지 않았습니다

2) 来る　오다　→　来ませんでした　오지 않았습니다

3 문형 24　동사 た형＋たことがあります　〜한 적이 있습니다.
　　　동사 た형＋たことがありますか　한 적이 있습니까?

① A : 日本に行ったことがありますか。일본에 간 적이 있습니까?
　　B : いいえ、ありません。아니요, 없습니다.

② コアラを見たことがあります。코알라를 본 적이 있습니다.

③ テニスをしたことがあります。테니스를 한 적이 있습니다.

④ A : 着物を着たことがありますか。기모노를 입은 적이 있습니까?
　　B : はい、あります。네, 있습니다.

단어　コアラ　코알라　　　　　　　　テニスをする　테니스를 하다
　　　着物　기모노

✽ 동사 た형(과거형) 만드는 법

❖ 1그룹

① 어미가 「く」인 동사 : 「く」를 「い」로 바꾸고 「た」를 붙인다.

  예) 書く → 書いた

「ぐ」는 「い」로 바꾸고 「だ」를 붙인다.

  예) 泳ぐ → 泳いだ

＊예외 「行く」는 어미가 「く」이지만, 「×行いた」가 아니라 「行った」라고 한다.

  行く → 行った

働く	일하다	→ 働いた	일했다
聞く	듣다	→ 聞いた	들었다
急ぐ	서두르다	→ 急いだ	서둘렀다

② 어미가 「む」「ぶ」「ぬ」인 동사 : 어미 「む」「ぶ」「ぬ」를 「ん」로 바꾸고 「だ」를 붙인다.

  예) 休む → 休んだ

飲む	마시다	→ 飲んだ	마셨다
遊ぶ	놀다	→ 遊んだ	놀았다
死ぬ	죽다	→ 死んだ	죽었다

③ 어미가 「う」「つ」「る」인 동사 : 어미 「う」「つ」「る」를 「っ」으로 바꾸고 「た」를 붙인다.

  예) 帰る → 帰った

買う	사다	→ 買った	샀다
待つ	기다리다	→ 待った	기다렸다
入る	들어가다	→ 入った	들어갔다

④ 어미가 「す」인 동사 : 어미 「す」를 「し」로 바꾸고 「た」를 붙인다.

예) 話す → 話した

貸す	빌려주다	→	貸した	빌려줬다
出す	내다	→	出した	냈다
消す	끄다	→	消した	껐다

❖ **2그룹**

어미의 「る」를 떼고 「た」를 붙인다.

예) 食べる ＋た → 食べた

起きる	일어나다	→	起きた	일어났다
見る	보다	→	見た	봤다
教える	가르치다	→	教えた	가르쳤다

❖ **3그룹**

① する 하다 → した 했다

勉強する	공부하다	→	勉強した	공부했다
そうじする	청소하다	→	そうじした	청소했다
案内する	안내하다	→	案内した	안내했다

② 来る 오다 → 来(き)た 왔다

Tip 동사 た형 = 동사 て형

た형 만드는 법은 て형 만드는 법과 똑같다. た형 만드는 법을 알고 있으면 て형도 만들 수 있다.(「동사 て형」 5과 참고.)

		어미	た형	て형
1 그룹	①	~く	書く → 書いた 예외 行く→ 行った	書いて 行って
		~ぐ	泳ぐ → 泳いだ	泳いで
	②	~む	休む → 休んだ	休んで
		~ぶ	遊ぶ → 遊んだ	遊んで
		~ぬ	死ぬ → 死んだ	死んで
	③	~う	買う → 買った	買って
		~つ	待つ → 待った	待って
		~る	入る → 入った	入って
	④	~す	話す → 話した	話して
2그룹			食べる ＋た → 食べた	食べて
3그룹			する 하다→ した	して
			来る 오다 → 来(き)た	来(き)て

✿ **동사 た형＋たことがあります ～한 적이 있습니다.**
동사 た형＋たことがありますか ～한 적이 있습니까?

① A：富士山に登ったことがありますか。후지산에 올라간 적이 있습니까?

　 B：はい、あります。2年前に登りました。네, 있습니다. 2년 전에 올라갔습니다.

② A：すき焼きを食べたことがありますか。스키야키를 먹은 적이 있습니까?

　 B：はい、あります。東京で食べました。네, 있습니다. 도쿄에서 먹었습니다.

③ A：パソコンが故障したことがありますか。PC가 고장 난 적이 있습니까?

　 B：いいえ、ありません。今回が初めてです。아니요, 없습니다. 이번이 처음입니다.

단어			
富士山	후지산	登る	[동1] 올라가다
すき焼き	스키야키	故障する	[동3] 고장나다
今回	이번	初めて	처음

4

> 문형 25　い형용사ぃ＋かったです/かったですか　～했습니다./했습니까?
>
> 문형 26　い형용사ぃ＋くなかったです/くなかったですか　～하지 않았습니다./않았습니까?
>
> ① 今日はとても暑かったです。오늘은 아주 더웠습니다.
>
> ② 昨日の映画はおもしろかったですか。어제 영화는 재미있었습니까?
>
> ③ あまり辛くなかったです。그다지 맵지 않았습니다.
>
> ④ A：日本旅行はどうでしたか。일본 여행은 어땠습니까?
>
>   B：とても良かったです。아주 좋았습니다.
>
> ⑤ A：暑くなかったですか。덥지 않았습니까?
>
>   B：それほど暑くなかったです。그다지 덥지 않았습니다.

단어	暑い [い형] 덥다	おもしろい [い형] 재미있다
	辛い [い형] 맵다	良い(いい) [い형] 좋다

❀ い형용사 과거형: い형용사ぃ＋かったです/かったですか
　い형용사 과거 부정형: い형용사ぃ＋くなかったです/くなかったですか

い형용사 과거형 「~하지 않았습니다.」는 보통 회화에서는 「~くなかったです」라고 하고, 문어체로는 「~くありませんでした」라고 한다.

비과거형	い형용사＋です	い형용사ぃ＋くないです (い형용사ぃ＋くありません)
과거형	い형용사ぃ＋かったです	い형용사ぃ＋くなかったです (い형용사ぃ＋くありませんでした)

- おもしろいです。　재미있습니다.
- おもしろくないです。　재미없습니다.
- おもしろかったです。　재미있었습니다.
- おもしろくなかったです。　재미있지 않았습니다.

❀ 「いい 좋다」의 부정형과 과거형

「いい 좋다」의 부정형과 과거형은 「×いくない」「×いかった」가 아닌 「良(よ)い」의 활용으로

「良くない」「良かった」가 된다.

비과거형	いいです 좋습니다	良くないです 좋지 않습니다. (良くありません)
과거형	良かったです 좋았습니다	良くなかったです 좋지 않았습니다 (良くありませんでした)

5

문형 27 　な형용사＋でした/でしたか　～했습니다/했습니까?

문형 28 　な형용사＋じゃなかったです/じゃなかったですか　～하지 않았습니다./않았습니까?

① 昨日の試験は簡単でした。어제 시험은 쉬웠습니다.

② ホテルの部屋はきれいでしたか。호텔 방은 깨끗했습니까?

③ A : 田中さんは元気でしたか。

다나카 씨는 건강했습니까? (잘 있었습니까?)

B : あまり元気じゃなかったです。

그다지 건강하지 않았습니다. (기운이 없었습니다.)

단어　簡単 [な형] 간단하다. 쉽다.　　　　ホテル　호텔

きれい [な형] 깨끗하다　　　　元気 [な형] 건강하다

❀ **な형용사 과거형: な형용사い＋でした/でしたか**

な형용사 과거 부정형: な형용사い＋じゃなかったです/じゃなかったですか

형용사 과거형 「~하지 않았습니다.」는 보통 회화에서는 「~じゃなかったです」 또는 「じゃありませんでした」라고 한다. 문어체로는 「じゃ」를 「では」로 바꾸고, 「ではなかったです」 또는 「ではありませんでした」라고 한다.

비과거형	な형용사＋です	な형용사＋じゃないです (な형용사＋じゃありません)
과거형	な형용사＋でした	な형용사＋じゃなかったです (な형용사＋じゃありませんでした)

• 静かです。조용합니다.

・静かじゃないです。조용하지 않습니다.

・静かでした。조용했습니다.

・静かじゃなかったです。조용하지 않았습니다.

6 문형 29 명사＋でした/でしたか　～이었습니다/이었습니까?

문형 30 명사＋じゃなかったです/じゃなかったですか　～이/가 아니었습니다./아니었습니까?

① 昨日は父の日でした。어제는 '아버지의 날'이었습니다.

② 夢じゃなかったです。꿈이 아니었습니다.

③ A : 集まりは明日じゃなかったですか。모임은 내일이 아니었습니까?

　　B : 集まりは今日です。明日じゃないですよ。

　　　　모임은 오늘입니다. 내일이 아닌데요.

단어　父の日　아버지의 날　　　　　　夢　꿈

　　　集まり　모임

✿ **명사 과거형: 명사＋でした/でしたか**

　명사 과거 부정형: 명사＋じゃなかったです/じゃなかったですか

명사 과거형「~이 아니었습니다.」는 보통 회화에서는「~じゃなかったです」또는「じゃあ
りませんでした」라고 한다. 문어체로는「じゃ」를「では」로 바꾸고,「ではなかったです」
또는「ではありませんでした」라고 한다.

비과거형 (*N=명사)	Nです　　Nです　　N입니다.	Nじゃないです　　　　N이 아닙니다. (Nじゃありません)
과거형	Nでした　Nでした　N이었습니다.	Nじゃなかったです　N이 아니었습니다. (Nじゃありませんでした)

・学生です。학생입니다.

・学生じゃないです。학생이 아닙니다.

・学生でした。학생이었습니다.

• 学生^{がくせい}じゃなかったです。 학생이 아니었습니다.

※ 위에서 학생 위 첨자는 がくせい

Clip_02 동사 た형 활용, 이유를 나타내는 표현 「～んです」

➡ 학습 내용 ─────────────────────────

1. 문형 31 동사 た형＋た方がいいです　～하는 편이 좋습니다. (조언, 충고)
2. 문형 32 동사 た형＋たり, 동사 た형＋たり　～하거나 ～하거나, ～하다가 ～하다가
3. 문형 33 보통형＋んです　～하거든요. (な형용사 사전형, 명사＋な＋んです)

───────────────────────────────

①

　문형 31 동사 た형＋た方^{ほう}がいいです　～하는 편이 좋습니다. (조언, 충고)

　　① たばこは、やめた方^{ほう}がいいですよ。 담배는 끊는 편이 좋아요.
　　② お水^{みず}はたくさん飲^のんだ方^{ほう}ががいいですよ。
　　　물은 많이 마시는 편이 좋아요.

단어			
たばこ	담배	やめる	[동2] 끊다, 그만하다
お水^{みず}	물	たくさん	많이
飲^のむ	[동1] 마시다		

✽ **동사 た형＋た方^{ほう}がいいです　～하는 편이 좋습니다.**

상대방에게 충고나 조언을 하는 표현으로, 문장 끝에 지적을 나타내는 「よ」를 붙여서 쓰는 경우가 많다.

• 親^{おや}に話^{はな}した方^{ほう}がいいですよ。　부모님께 이야기하는 편이 좋아요.
• 体^{からだ}を動^{うご}かした方^{ほう}がいいですよ。　몸을 움직이는 편이 좋아요.

단어			
親^{おや}	부모님 (=両親^{りょうしん})	体^{からだ}	몸
動^{うご}かす	[동1] 움직이다		

2

문형 32 た형＋たり, た형＋たり ～하거나 ～하거나, ～하다가 ～하다가

① A：日本で何をしましたか。일본에서 무엇을 했어요?

B：おすしを食べたり、お寺に行ったりしました。

초밥을 먹거나, 절에 가곤 했어요.

② A：毎日、運動はしますか。매일 운동은 해요?

B：やったり、やらなかったりです。하다 안 하다 해요.

단어   お寺 절   毎日 매일

運動 운동   やる [동1] 하다 ('する'와 같은 뜻)

❈ た형＋たり、 た형＋たり ～하거나 ～하거나, ～하다가 ～하다가

몇 개의 사건 중에서 2,3개를 열거할 때 사용한다.

• 今週末は、そうじをしたり、買い物をしたり、ドラマを見たりしました。

이번 주말은 청소를 하거나, 쇼핑을 하거나, 드라마를 보곤 했습니다.

• 日本を行ったり来たりしました。 일본을 왔다 갔다 했습니다.

• やったり、やらなかったりです。하다 안 하다 합니다.

(やったり、やらなかったりします。)

Tip 「～たり、～たりです。」는 한 묶음의 내용을 제시, 주장하는 역할을 한다.

예) 朝は、食べたり食べなかったりです。 아침은 먹다 안 먹다 합니다.

단어   買い物 쇼핑   ドラマ 드라마

行ったり来たり 왔다갔다

✽ 형용사의 과거형(보통형)

	긍정	부정
い형용사 おもしろい 재미있다	い형용사い＋かった 예) おもしろかった 재미있었다	い형용사い＋くなかった 예) おもしろくなかった 재미있지 않았다
な형용사 しずか 조용하다	な형용사＋だった 예) しずかだった 조용했다	な형용사＋じゃなかった 예) しずかじゃなかった 조용하지 않았다

• い형용사

大きい	크다	大きかった	컸다	大きくなかった	크지 않았다
小さい	작다	小さかった	작았다	小さくなかった	작지 않았다
暑い	덥다	暑かった	더웠다	暑くなかった	덥지 않았다
寒い	춥다	寒かった	추웠다	寒くなかった	춥지 않았다

• な형용사

きれい	깨끗하다	きれいだった	깨끗했다	きれいじゃなかった	깨끗하지 않았다
便利	편리하다	便利だった	편리했다	便利じゃなかった	편리하지 않았다
好き	좋아하다	好きだった	좋아했다	好きじゃなかった	좋아하지 않았다
上手	잘하다	上手だった	잘했다	上手じゃなかった	잘하지 않았다

• ここは夏でも暑かったり寒かったりします。 여기는 여름에도 덥다가 춥다가 합니다.

• 日によって忙しかったり、ひまだったりします。 날에 따라 바빴다 한가했다 합니다.

• チケットは時期によって高かったり、安かったりします。

티켓은 시기에 따라 비쌌다 저렴했다 합니다.

단어	夏 여름		日 날
	～によって ~에 따라		時期 시기

3 문형 33 보통형＋んです ～하거든요. (な형용사 사전형, 명사＋な＋んです)

① 今日はゆっくり過ごします。仕事が休みなんです。

오늘은 느긋하게 보냅니다. 일을 쉬거든요.

(일이 쉬는 날이거든요.)

② A : またラーメンですか。또 라면이에요?

B : ラーメンが好きなんです。 라면을 좋아해서요.

③ A : どうしたんですか。무슨 일이에요?

B : 頭が痛いんです。머리가 아파서요.

④ A : コーヒーは、どうですか。 커피는 어때요?

B : コーヒーは、ちょっと。さっき飲んだんです。

커피는 좀. 방금 마셨거든요.

❀ 이유를 나타내는 표현 : 보통형＋んです ～하거든요.
　　　　　　　　　　　 (な형용사 사전형, 명사＋な＋んです)

「～んです」는 자신의 행동이나 말에 대해 이유를 설명하거나, 강조할 때 사용한다.

・동사 보통형＋んです

行くんです。

行かないんです。

行ったんです。

行かなかったんです。

・い형용사 보통형＋んです

忙しいんです。

忙しくないんです。

忙しかったんです。

忙しくなかったんです。

- な형용사 보통형＋んです

  便利なんです。(＊な형용사 사전형＋な＋んです)

  便利じゃないんです。

  便利だったんです。

  便利じゃなかったんです。

- 명사　보통형＋んです

  誕生日なんです。(＊명사＋な＋んです)

  誕生日じゃないんです。

  誕生日だったんです。

  誕生日じゃなかったんです。

Tip 「～んです」는 한국어로 하면 '～은/는 거예요' '～거든요' '～더라구요' '～군요' 와 같이
번역이 된다. 하지만, 「～んです」는 판단을 내릴 만한 근거가 있을 경우에 한해서 사
용되는 제한적인 형식이기 때문에 「～んです」를 다용하거나, 또는 말투가 잘 못되면
따지는 것처럼 느껴지기도 한다. 윗사람이나 처음 만난 사람과 이야기를 할 때는 이
점을 조심해야 한다.

Clip_03　동사 ない형

➲ 학습 내용

1. 문형 34 동사 ない형+ない方がいいです　～하지 않는 편이 좋습니다.
2. 문형 35 동사 ない형+なければなりません　～하지 않으면 안 됩니다(～해야만 합니다)
3. 문형 36 동사 ない형+なくてもいいです　～하지 않아도 됩니다.

1

동사 ない형+ない方がいいです　～하지 않는 편이 좋습니다.

① お酒はたくさん飲まない方がいいですよ。

술은 많이 마시지 않는 편이 좋아요.

② 無理しない方がいいですよ。무리하지 않는 편이 좋아요.

단어　お酒　술　　　　　　　　　　　無理する　[동3] 무리하다

✽ 동사 ない형(부정형) 만드는 법

❖ 1그룹

어미를 「あ」단으로 바꾸고 「ない」를 붙인다.

行く	가다	→	行かない	가지 않다
待つ	기다리다	→	待たない	기다리지 않다
遊ぶ	놀다	→	遊ばない	놀지 않다
話す	이야기하다	→	話さない	이야기 하지 않다

Tip 어미가 「う」인 경우

어미가 「う」인 경우에는 「あ」가 아닌 「わ」로 바꿔야 한다.

買う　사다　→　買わない 사지 않다　(×買あない)

- 吸う　피우다　→　吸わない 피우지 않다

- 会う　만나다　→　会わない 만나지 않다

- 習う　배우다　→　習わない 배우지 않다

- もらう　받다　→　もらわない 받지 않다

❖ 2그룹

어미의 「る」를 떼고 「ない」를 붙인다.

食べる	먹다	→	食べない	먹지 않다
見る	보다	→	見ない	보지 않다

教える　　가르치다　　→　　教えない　　가르치지 않다

❖ 3그룹

　① する　하다　→　しない　하지 않는다

　　勉強する　공부하다　→　勉強しない　공부하지 않는다

　　そうじする　청소하다　→　そうじしない　청소하지 않는다

　② 来る　오다　→　来ない　오지 않는다.

✿ 동사 ない형+ない方がいいです　~하지 않는 편이 좋습니다.

「~た方がいいです」의 부정 표현.　상대방에게 충고나 조언을 할 때, 문장 끝에 지적을 나타내는 「よ」를 붙여서 쓰는 경우가 많다.

　• 今日は山に登らない方がいいですよ。오늘은 산에 올라가지 않는 편이 좋아요.

　• 人に見せない方がいいですよ。사람들에게 보여 주지 않는 편이 좋아요.

　| 단어 | 山　산

　人　'사람'이라는 뜻 외에 타인 (他人)이나 사람들이라는 뜻도 있다.

　見せる　[동2] 보여주다

2　문형 35 동사 ない형+なければなりません　~하지 않으면 안 됩니다(~해야만 합니다)
　① 今日は早く帰らなければなりません。
　　오늘은 빨리 돌아가지 않으면 안 됩니다.
　② 制服を着なければなりません。교복을 입지 않으면 안 됩니다.

　| 단어 | 制服　교복

✿ 동사 ない형+なければなりません　~하지 않으면 안 됩니다 (~해야만 합니다)

「~なければなりません。」은 의무를 나타낼 때 사용하는 표현이며, 「~なければならない。」의 정중한 표현.

- 地方に行かなければならない。지방에 가지 않으면 안 된다. (가야만 한다.)
- 地方に行かなければなりません。지방에 가지 않으면 안 됩니다. (가야만 합니다.)

단어   地方 지방

3   문형 36 동사 ない형+なくてもいいです   ~하지 않아도 됩니다.
① 明日は来なくてもいいです。내일은 오지 않아도 됩니다.
② 田中さんは呼ばなくてもいいです。다나카 씨는 부르지 않아도 됩니다.
③ 作文の課題はやらなくてもいいです。작문 과제는 하지 않아도 됩니다.

단어   呼ぶ [동1] 부르다   作文 작문
        課題 과제

✿ 동사 ない형+なくてもいいです ~하지 않아도 됩니다.

그럴 필요가 없을 때 쓰는 표현이다.

- 急がなくてもいいです。서두르지 않아도 됩니다.
- くつをぬがなくてもいいです。신발을 벗지 않아도 됩니다.
- 連絡しなくてもいいですよ。연락하지 않아도 되요.

단어   急ぐ [동1] 서두르다   ぬぐ [동1] 벗다
        連絡する [동3] 연락하다

문형패턴연습

1) 문형 22 동사 ます형＋ました/ましたか ～했습니다/했습니까?

① 友達に会いました。친구를 만났습니다.

② かぜをひきました。감기를 걸렸습니다.

③ 週末は何をしましたか。주말은 무엇을 했습니까?

> **단어** 友達に会う 친구를 만나다　　　　かぜをひく 감기를 걸리다

2) 문형 23 동사 ます형＋ませんでした/ませんでしたか
～하지 않았습니다/하지 않았습니까?

① 薬は飲みませんでした。약은 먹지 않았습니다.

② 漢字を覚えませんでした。한자를 외우지 않았습니다.

③ 田中さんは来ませんでしたか。다나카 씨는 오지 않았습니까?

> **단어** 薬を飲む 약을 먹다(＊일본어는 '약을 마시다'라고 하고 '×薬を食べる'라고 하지 않는다.)
> 漢字 한자　　　　　　　　　　　覚える [동2] 외우다

3) 문형 24 동사 た형＋たことがあります/たことがありますか
～한 적이 있습니다/ 있습니까?

① 東京に行ったことがあります。도쿄에 간 적이 있습니다.

② 納豆を食べたことがありますか。낫토를 먹은 적이 있습니까?

③ 日本のドラマを見たことがありますか。일본 드라마를 본 적이 있습니까?

> **단어** 納豆 낫토(삶은 콩을 발효시켜 만든 일본 전통음식)

4) 문형 25 い형용사い＋かったです/かったですか ～했습니다./했습니까?

① 映画はおもしろかったです。영화는 재미있었습니다.

② 九州はとても暑かったです。규슈는 아주 더웠습니다.

③ テストは難^{むずか}しかったですか。시험은 어려웠습니까?

| 단어 | 九州^{きゅうしゅう} 규슈 | テスト 시험 |

5) **문형 26** い형용사나+くなかったです/くなかったですか ～했습니다/ 했습니까?

① 日本^{にほん}のラーメンはおいしくなかったです。일본 라면은 맛이 없었습니다.

② 昨日^{きのう}はあまり寒^{さむ}くなかったです。어제는 그다지 춥지 않았습니다.

③ 駅^{えき}からホテルまで遠^{とお}くなかったですか。역에서 호텔까지 멀지 않았습니까?

| 단어 | ～から～まで ～에서 ~까지 |

6) **문형 27** な형용사나+でした/でしたか ～했습니다/했습니까?

① 大丈夫^{だいじょうぶ}でした。괜찮았습니다.

② 店員^{てんいん}さんが親切^{しんせつ}でした。점원이 친절했습니다.

③ お元気^{げんき}でしたか。잘 지냈어요?

7) **문형 28** な형용사나+じゃなかったです/じゃなかったですか
～하지 않았습니다/ 하지 않았습니까?

① あまり便利^{べんり}じゃなかったです。그다지 편리하지 않았습니다.

② 好^すきじゃなかったです。좋아하지 않았습니다.

③ 大変^{たいへん}じゃなかったですか。힘들지 않았습니까?

8) **문형 29** 명사+でした/でしたか ～이었습니다/이었습니까?

① 楽^{たの}しい旅行^{りょこう}でした。즐거운 여행이었습니다.

② 昨日^{きのう}は私^{わたし}の誕生日^{たんじょうび}でした。어제는 나의 생일이었습니다.

③ どんな人^{ひと}でしたか。어떤 사람이었습니까?

| 단어 | 誕生日^{たんじょうび} 생일 | どんな 어떤~ |

9) 문형 30 명사＋じゃなかったです/じゃなかったですか
   〜이/가 아니었습니다/ 아니었습니까?

① 集まりは今日じゃなかったです。모임은 오늘이 아니었습니다.

② 私のじゃなかったです。나의 것이 아니었습니다.

③ 今日は休みじゃなかったですか。오늘은 쉬는 날이 아니었습니까?

| 단어 | 休み 쉬는 날 |

10) 문형 31 동사 た형＋た方がいいです **〜하는 편이 좋습니다. (조언, 충고)**

① お医者さんに聞いた方がいいですよ。의사에게 묻는 편이 좋아요.

② しっかり食べた方がいいですよ。튼튼히 먹는 편이 좋아요.

③ もう少し待った方がいいですよ。좀 더 기다리는 편이 좋아요.

| 단어 | お医者さん 의사　　　　　しっかり 제대로, 튼튼히 |

11) 문형 32 동사 た형＋たり、동사 た형＋たり **〜하거나 〜하거나 (〜하다가 〜하다가)**

① 泣いたり、笑ったりしました。울다가 웃다가 했습니다.

② 海で泳いだり、本を読んだりしました。바다에서 수영하거나 책을 읽거나 했습니다.

③ 開けたり、閉めたりしない方がいいですよ。열었다 닫았다 하지 않는 편이 좋아요.

| 단어 | 泣く [동1] 울다　　　　　笑う [동1] 웃다 |

12) 문형 33 보통형＋んです **〜하거든요. (な형용사 사전형, 명사＋な＋んです)**

① ちょっと調子が悪いんです。좀 상태가 안 좋거든요. (나쁘거든요.)

② 来月から日本に行くんです。다음 달부터 일본에 가거든요.

③ 今ちょっと大変なんです。지금 좀 힘들거든요.

| 단어 | 調子が悪い 상태가 나쁘다, 컨디션이 안 좋다 |

13) 문형 34 동사 ない형+方がいいです ～하지 않는 편이 좋습니다.

① 車で行かない方がいいですよ。차로 가지 않는 편이 좋아요.

② 明日は遅れない方がいいですよ。내일은 늦지 않는 편이 좋아요.

③ まだ話さない方がいいですよ。아직 말하지 않는 편이 좋아요.

> **단어**　遅れる [동2] 늦다　　　　　　まだ 아직

14) 문형 35 동사 ない형+なければなりません ～하지 않으면 안 됩니다(～해야만 합니다)

① 明日は会社に行かなければなりません。내일은 회사에 가지 않으면 안 됩니다.

② 来週から授業を受けなければなりません。다음 주부터 수업을 듣지 않으면 안 됩니다.

③ 今日は早く帰らなければなりません。오늘은 일찍 돌아가지 않으면 안 됩니다.

> **단어**　会社 회사　　　　　　授業を受ける 수업을 받다

15) 문형 36 동사 ない형+なくてもいいです ～하지 않아도 됩니다.

① 急がなくてもいいです。서두르지 않아도 됩니다.

② ドアを閉めなくてもいいです。문을 닫지 않아도 됩니다.

③ 早く来なくてもいいです。일찍 오지 않아도 됩니다.

> **단어**　ドア 문

① 朝7時に起きました。　　　　　　　　아침 7시에 일어났습니다.

　➡ _____

② なっとうを食べたことがありますか。　　낫토를 먹은 적이 있어요?

　➡ _____

③ とてもおいしかったです。　　　　　　아주 맛있었어요.

　➡ _____

④ とても静かでした。　　　　　　　　　아주 조용했어요.

　➡ _____

⑤ 家で本を読んだり、テレビを見たりしました。

　집에서 책을 읽거나 TV를 보곤 했습니다.

　➡ _____

⑥ 病院に行った方がいいですよ。　　　　병원에 가는 편이 좋아요.

　➡ _____

⑦ 明日は朝9時に来なければなりません。　내일은 아침 9시에 오지 않으면 안 됩니다.

　➡ _____

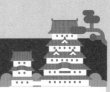

日本料理 일본요리
にほんりょうり

納豆
なっとう

삶은 콩을 발효시켜 만든 일본 전통음식이다.

すき焼き
や

얇게 썬 고기와 대파, 두부, 배추, 실곤약 등의 재료를 간장, 설탕으로 맛을 내어 자작
하게 졸인 일본의 나베 요리(鍋料理)이다. 주로 날달걀에 찍어서 먹는다.

MEMO

제 05 과

たくさん食べてください。

많이 드세요.

Clip_01 동사 て형, 〜てください, 〜ないでください

⤵ **학습 내용**

1. 문형 37 〜て〜　〜하고/해서〜
2. 문형 38 〜てください　〜해 주세요
3. 문형 39 〜ないでください　〜하지 마세요.
4. 문형 40 〜ないで〜てください　〜하지 말고 〜해 주세요

---

①　**문형 37** 〜て〜　〜하고/해서〜

① 朝起きて、顔を洗います。 아침에 일어나서 세수를 합니다.

② ご飯を食べて、出勤します。 밥을 먹고 출근합니다.

③ 図書館に行って、本を借ります。 도서관에 가서 책을 빌립니다.

④ 日本へ行って、おそばを食べました。 일본에 가서 소바를 먹었습니다.

단어　顔を洗う [동1] 세수를 하다 (얼굴을 씻다)　　出勤する [동3] 출근하다

　　　　借りる [동2] 빌리다　　　　　　　　　　　おそば 소바

✳ **동사 て형 만드는 법**

❖ 1그룹

① 어미가 「く」인 동사 : 「く」를 「い」로 바꾸고 「て」를 붙인다.

　예) 書く　→　書いて

「ぐ」는 「い」로 바꾸고 「で」를 붙인다.

예) 泳ぐ → 泳いで

＊예외 「行く」는 어미가 「く」이지만, 「×行いて」가 아니라 「行って」라고 한다.

行く → 行って

働く	일하다	→	働いて	일하고, 일해서
聞く	듣다	→	聞いて	듣고, 들어서
急ぐ	서두르다	→	急いで	서두르고, 서둘러서

② 어미가 「む」「ぶ」「ぬ」인 동사 : 어미 「む」「ぶ」「ぬ」를 「ん」로 바꾸고 「で」를 붙인다.

예) 休む → 休んで

飲む	마시다	→	飲んで	마시고, 마셔서
遊ぶ	놀다	→	遊んで	놀고, 놀아서
死ぬ	죽다	→	死んで	죽고, 죽어서

③ 어미가 「う」「つ」「る」인 동사 : 어미 「う」「つ」「る」를 「っ」으로 바꾸고 「て」를 붙인다.

예) 帰る → 帰って

買う	사다	→	買って	사고, 사서
待つ	기다리다	→	待って	기다리고, 기다려서
入る	들어가다	→	入って	들어가고, 들어가서

④ 어미가 「す」인 동사 : 어미 「す」를 「し」로 바꾸고 「て」를 붙인다.

예) 話す → 話して

貸す	빌려주다	→	貸して	빌리고, 빌려서
出す	내다	→	出して	내고, 내서
消す	끄다	→	消して	끄고, 꺼서

❖ 2그룹

어미의 「る」를 떼고 「て」를 붙인다.

예)食べ<ruby>る<rt></rt></ruby>　＋て　→　食べて

起<ruby><rt>お</rt></ruby>きる	일어나다	→	起<ruby><rt>お</rt></ruby>きて	일어나고, 일어나서
見<ruby><rt>み</rt></ruby>る	보다	→	見<ruby><rt>み</rt></ruby>て	보고, 봐서
教<ruby><rt>おし</rt></ruby>える	가르치다	→	教<ruby><rt>おし</rt></ruby>えて	가르치고, 가르쳐서

❖ 3그룹

① する　하다　→　して

勉強<ruby><rt>べんきょう</rt></ruby>する	공부하다	→	勉強<ruby><rt>べんきょう</rt></ruby>して	공부하고, 공부해서
そうじする	청소하다	→	そうじして	청소하고, 청소해서
案内<ruby><rt>あんない</rt></ruby>する	안내하다	→	案内<ruby><rt>あんない</rt></ruby>して	안내하고, 안내해서

② 来<ruby><rt>く</rt></ruby>る　오다　→　来(き)て

Tip　동사 た형 = 동사 て형

た형 만드는 법은 て형 만드는 법과 똑같다. た형 만드는 법을 알고 있으면 て형도 만들 수 있다.(「동사 た형」4과 참고.)

✳ (동사 て형)て～　～하고～, ～해서～

A : 週末<ruby><rt>しゅうまつ</rt></ruby>、何<ruby><rt>なに</rt></ruby>をしましたか。주말에 무엇을 했습니까?

B : デパートで買<ruby><rt>か</rt></ruby>い物<ruby><rt>もの</rt></ruby>をして、レストランでご飯<ruby><rt>はん</rt></ruby>を食<ruby><rt>た</rt></ruby>べました。

　　백화점에서 쇼핑을 하고, 레스토랑에서 밥을 먹었습니다.

A : 夏休<ruby><rt>なつやす</rt></ruby>みは、何<ruby><rt>なに</rt></ruby>をしましたか。여름 방학은 무엇을 했습니까?

B : 日本<ruby><rt>にほん</rt></ruby>に行<ruby><rt>い</rt></ruby>って、温泉<ruby><rt>おんせん</rt></ruby>に入<ruby><rt>はい</rt></ruby>りました。일본에 가서 온천에 들어갔습니다.

단어	デパート	백화점	買<ruby><rt>か</rt></ruby>い物<ruby><rt>もの</rt></ruby>をする	쇼핑을 하다
	レストラン	레스토랑	夏休<ruby><rt>なつやす</rt></ruby>み	여름 방학

温泉に入る　온천에 들어가다

2 문형 38 ～てください　～해 주세요

① 窓を開けてください。창문을 열어 주세요.

② ここに名前を書いてください。여기에 이름을 써 주세요.

③ 田中さんに聞いてください。다나카 씨에게 물어보세요.

단어　窓 창문　　　　　名前 이름

聞く [동1] 듣다, 묻다

Tip '聞く'는 원래 '듣다'라는 뜻이지만, '묻다'라는 뜻도 가지고 있다.

· 音楽を聞く。음악을 듣다.

· 田中さんに聞く。다나카 씨에게 묻다.

✿ 의뢰 표현: 동사て형+てください　～해 주세요.

· 急いでください。　서둘러 주세요.

· 読んでください。　읽어 주세요.

· 待ってください。　기다려 주세요.

· 貸してください。　빌려 주세요.

3 문형 39 ～ないでください　～하지 마세요

① 田中さんに言わないでください。다나카 씨에게 말하지 말아 주세요.

② 明日は遅れないでください。내일은 늦지 마세요.

단어　言う [동1] 말하다　　　　　遅れる [동2] 늦다

✽ 동사ない+ないでください ～하지 마세요.

❖ 1그룹 ない형 : 어미를 「あ」단으로 바꾸고 「ない」를 붙인다.

行く　　　→　　　行かないでください　　　가지 마세요.

待つ　　　→　　　待たないでください　　　기다리지 마세요.

遊ぶ　　　→　　　遊ばないでください　　　놀지 마세요.

話す　　　→　　　話さないでください　　　이야기 하지 마세요.

❖ 2그룹 ない형 : 어미의 「る」를 떼고 「ない」를 붙인다.

食べる　　→　　　食べないでください　　　먹지 마세요.

見る　　　→　　　見ないでください　　　보지 마세요.

教える　　→　　　教えないでください　　　가르치지 마세요.

❖ 3그룹 ない형

① する → しない 하지 않다

出発する　　→　　出発しないでください　　출발하지 마세요.

そうじする　　→そうじしないでください　　청소하지 마세요.

② 来る 오다→ 来ないでください 오지 마세요.

④ 　문형 40 ～ないで～てください ～하지 말고 ～해 주세요

① はさみを使わないで切ってください。가위를 쓰지 않고 잘라 주세요.

② 見ないで答えてください。보지 말고 답해 주세요.

단어　　はさみ 가위　　　　　　　　　使う [동1] 사용하다

　　　　切る [동1] 자르다　　　　　　答える [동2] 대답하다

✽ 동사 ない형 + ないで , 동사 て형 +てください ～하지 말고 ～해 주세요.

• 電話しないでメールを送ってください。 전화하지 말고 메일을 보내 주세요.

• 家に帰らないですぐ来てください。 집에 돌아가지 말고 바로 와 주세요.

단어	電話 전화	メール 메일
	送る [동1] 보내다	すぐ 바로

Clip_02 ～てもいいです , ～てきます

➲ 학습 내용 ──────────────────

1. 문형 41 동사 て형＋てもいいです ～해도 됩니다.
2. 문형 42 동사 て형＋てきました ～하고 왔습니다.

---

①   문형 41 동사 て형＋てもいいです ～해도 됩니다

① A : ここでたばこを吸ってもいいですか。

여기서 담배를 피워도 괜찮습니까?

B : ここでたばこを吸わないでください。

여기서 담배를 피지 말아 주세요.

② A : 電話番号も書きますか。 전화번호도 적어요?

B : 電話番号は書かなくてもいいです。 전화번호는 적지 않아도 됩니다.

단어	たばこを吸う 담배를 피우다	電話番号 전화번호

✽ 허가 표현: 동사 て형＋てもいいです ～해도 됩니다

• 書いてもいいです 써도 됩니다

• 泳いでもいいです 수영해도 됩니다

- 休んでもいいです 쉬어도 됩니다.

- 話してもいいです 이야기해도 됩니다.

- 食べてもいいです 먹어도 됩니다.

- 出発してもいいです 출발해도 됩니다.

- 来てもいいです 와도 됩니다.

(＊ 문형 36 동사 ない형+なくてもいいです ~하지 않아도 됩니다.)

✿ 의뢰 표현: 동사 て형＋てもいいですか ~해도 될까요?

A : 入ってもいいですか 들어가도 될까요?

B : はい。いいですよ。   네, 좋아요.

A : コピーをお願いしてもいいですか。 복사를 부탁해도 될까요?

B : はい。何枚コピーしましょうか。 네, 몇 장 복사할까요?

단어	コピー 복사	コピーする 복사하다
	お願いする 부탁하다	何枚 몇 장

2 문형 42 동사 て형＋てきました ~하고 왔습니다.
① 先月出張で東京に行ってきました。
   지난 달 출장으로 동경에 다녀왔습니다.
② お昼は食べてきました。 점심은 먹고 왔습니다.
③ しっかり勉強してきました。 제대로 공부하고 왔습니다.

단어	先月 지난 달	出張 출장
	しっかり 제대로	

✿ 동사 て형＋てきます ~하고 오겠습니다

- 明日書類を持ってきます。 내일 서류를 가지고 오겠습니다.

- お茶を入れてきます。 차를 끓이고 오겠습니다.

・先生にあいさつしてきます。 선생님께 인사하고 오겠습니다.

| 단어 | 書類 서류 | お茶 차 |

入れる [동2] 넣다, (차를) 끓이다, (커피를) 타다

✿ 동사 て형+てきました ～하고 왔습니다

・友達を迎えに行ってきました。 친구를 마중하러 갔다 왔습니다.

・テストを受けてきました。 시험을 보고 왔습니다.

・映画を見てきました。 영화를 보고 왔습니다.

| 단어 | 迎えに行く 마중하러 가다, 마중 나가다, 데리러 가다

テストを受ける 시험을 보다 ('×テスト/試験を見る'라고 하지 않는다.)

Clip_03 ～てから

⊃ 학습 내용

1. 문형 43 동사 て형+てから ～하고 나서
2. 동사 ある 있다

---

① **문형 43** 동사 て형+てから ～하고 나서

① 梨泰院(イテウォン)に行ってから明洞(ミョンドン)に行きました。

이태원에 갔다가 명동에 갔습니다.

② 公園に着いてからお弁当を食べませんか。

공원에 도착하고 나서 도시락을 먹지 않을래요?

③ 買い物してから帰りました。 쇼핑을 하고 나서 돌아왔습니다.

④ 日本のアニメを見てから日本が好きになりました。

일본 애니메이션을 보고 나서 일본을 좋아하게 되었습니다.

<ruby>公園<rt>こうえん</rt></ruby> 공원	<ruby>着<rt>つ</rt></ruby>く [동1] 도착하다
<ruby>お弁当<rt>べんとう</rt></ruby> 도시락	アニメ 애니메이션

✽ 동사 て형＋てから ～하고 나서

• <ruby>宿題<rt>しゅくだい</rt></ruby>をしてから、テレビを<ruby>見<rt>み</rt></ruby>ます。숙제를 하고 나서 TV를 봅니다.

• <ruby>歯<rt>は</rt></ruby>をみがいてから、<ruby>行<rt>い</rt></ruby>きます。이를 닦고 나서 갑니다.

단어 <ruby>宿題<rt>しゅくだい</rt></ruby> 숙제	<ruby>歯<rt>は</rt></ruby> 이
みがく [동1] 닦다	

2 동사 ある

① A：パクさん、<ruby>日曜日<rt>にちようび</rt></ruby>は<ruby>何<rt>なに</rt></ruby>か<ruby>予定<rt>よてい</rt></ruby>がありますか。

　　박 씨, 일요일은 무슨 예정이 있어요?

B：<ruby>日曜日<rt>にちようび</rt></ruby>ですか。<ruby>特<rt>とく</rt></ruby>に<ruby>予定<rt>よてい</rt></ruby>はありませんが・・・。

　　일요일이요? 특별히 예정은 없지만,,.

② A：<ruby>映画<rt>えいが</rt></ruby>を<ruby>見<rt>み</rt></ruby>てから、<ruby>夜<rt>よる</rt></ruby><ruby>ご飯<rt>はん</rt></ruby>を<ruby>一緒<rt>いっしょ</rt></ruby>に<ruby>食<rt>た</rt></ruby>べませんか。

　　영화를 보고 나서 저녁을 같이 먹지 않을래요?

B：そうしましょう。おいしい<ruby>焼肉屋<rt>やきにくや</rt></ruby>さんがあるんです。<ruby>案内<rt>あんない</rt></ruby>しますよ。

　　그럽시다. 맛있는 고기집이 있거든요. 안내할게요.

단어 <ruby>何<rt>なに</rt></ruby>か 무엇인가, 무슨	<ruby>予定<rt>よてい</rt></ruby> 예정
<ruby>特<rt>とく</rt></ruby>に 특별히	<ruby>夜<rt>よる</rt></ruby><ruby>ご飯<rt>はん</rt></ruby> 저녁 식사
<ruby>一緒<rt>いっしょ</rt></ruby>に 같이	<ruby>焼肉屋<rt>やきにくや</rt></ruby>さん 고기집
<ruby>案内<rt>あんない</rt></ruby>する [동3] 안내하다	

Tip <ruby>食事<rt>しょくじ</rt></ruby> 식사

아침	점심	저녁
<ruby>朝食<rt>ちょうしょく</rt></ruby>	<ruby>昼食<rt>ちゅうしょく</rt></ruby>	<ruby>夕食<rt>ゆうしょく</rt></ruby>
<ruby>朝<rt>あさ</rt></ruby><ruby>ご飯<rt>はん</rt></ruby>	<ruby>昼<rt>ひる</rt></ruby><ruby>ご飯<rt>はん</rt></ruby>	<ruby>夜<rt>よる</rt></ruby><ruby>ご飯<rt>はん</rt></ruby>（<ruby>晩<rt>ばん</rt></ruby><ruby>ご飯<rt>はん</rt></ruby>）

✿ 동사 ある

사람이나 동물의 존재를 나타내는 동사는 'いる [동2] 있다'라고 하고, 그 외에 사물이나 식물의 존재를 나타내는 동사는 'ある [동1] 있다'라고 한다.

[사람, 동물] 있다/없다

いる　있다	います　있습니다.
いない　없다	いません　없습니다.

[사물, 식물] 있다/없다

ある　있다	あります　있습니다
ない　없다	ありません　없습니다

문형패턴연습

1) 문형 37 ～て～ ～하고/해서～

① 家に帰って休みます。 집에 가서 쉬겠습니다.

② 学校に行って勉強します。 학교에 가서 공부하겠습니다.

③ カラオケに行って日本の歌を歌いました。 노래방에 가서 일본 노래를 불렀습니다.

> **단어**　カラオケ　노래방　　　　　　　歌を歌う　노래를 부르다

2) 문형 38 ～てください ～해 주세요

① もう少し待ってください。 조금 더 기다려 주세요.

② どうぞ、座ってください。 어서 앉으세요.

③ そこに置いてください。 거기에 놔둬 주세요.

> **단어**　もう少し　조금 더　　　　　　　座る　[동1] 앉다
> 置く　[동1] 나두다

3) 문형 39 ～ないでください ～하지 마세요.

① ここに捨てないでください。 이 곳에 버리지 마세요.

② すみません、押さないでください。 저기요, 밀지 마세요.

③ ここで写真をとらないでください。 여기서 사진을 찍지 마세요.

> **단어**　捨てる　[동2] 버리다　　　　　押す　[동1] 밀다, 누르다
> 写真をとる　[동1] 사진을 찍다

4) 문형 40 ～ないで～てください ～하지 말고 ～해 주세요

① お昼は食べないで来てください。 점심은 먹지 말고 오세요.

② 走らないで歩いてください。 뛰지 말고 걸어 주세요.

③ 怒らないで聞いてください。화내지 말고 들어 주세요.

단어	走る [동1] 뛰다	歩く [동1] 걷다
	怒る [동1] 화내다	聞く [동1] 듣다

5) 문형 41 동사 て형＋てもいいです ～해도 됩니다.

① もう帰ってもいいですよ。이제 돌아가도 되요.

② かさを借りてもいいですか。우산을 빌려도 될까요?

③ トイレを使ってもいいですか。화장실을 사용해도 될까요?

단어	かさ 우산	借りる [동2] 빌리다
	トイレ 화장실	使う [동1] 사용하다

6) 문형 42 동사 て형＋てきます ～하고 오겠습니다

① 田中さんを呼んできます。다나카 씨를 부르고 오겠습니다.

② 荷物を取りに行ってきます。짐을 가지러 갔다 오겠습니다.

③ おすしを買ってきました。초밥을 사 왔습니다.

단어	呼ぶ [동1] 부르다	荷物 짐
	取りに行く 가지러 가다, 찾으러 가다	

7) 문형 43 동사 て형＋てから ～하고 나서

① 大学に入学してからアルバイトを始めました。

대학교에 입학하고 나서 아르바이트를 시작했습니다.

② 日本に来てから日本語の勉強を始めました。

일본에 오고 나서 일본어 공부를 시작했습니다.

③ ひっこししてから連絡がありません。이사 가고 나서 연락이 없습니다.

단어	大学 대학교	入学する [동3] 입학하다
	アルバイト 아르바이트	始める [동2] 시작하다
	ひっこしする [동3] 이사하다(가다)	連絡 연락

① たくさん食べてください。　　　　　　많이 드세요.

　➡ _____

② コピーをお願いしてもいいですか。　　복사를 부탁해도 될까요?

　➡ _____

③ 映画を見てから、夜ご飯を一緒に食べませんか。

　영화를 보고 나서 저녁을 같이 먹지 않을래요?

　➡ _____

④ まどを開けないでください。　　　　　창문을 열지 마세요.

　➡ _____

⑤ お昼は食べてきました。　　　　　　　점심은 먹고 왔습니다.

　➡ _____

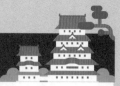

コーヒーショップでの注文方法
커피숍에서의 주문 방법

일본 커피숍에서 음료를 주문해 봅시다.

1. 음료(ドリンク) 종류를 고릅시다.

메뉴(メニュー)를 보고 음료 종류를 고릅니다.

* コーヒー類 커피 종류

ふつうのドリップ・コーヒーやアイス・コーヒー

일반 드립 커피나 아이스 커피

* エスプレッソ類 에스프레소 종류

エスプレッソ 에스프레소

カフェ・ラテ 카페라떼 (エスプレッソ＋ミルク 에스프레소+우유)

カフェ・モカ 카페모카 (エスプレッソ＋ミルク＋チョコ 에스프레소+우유+초코)

カフェ・アメリカーノ 카페 아메리카노 (エスプレッソ＋お湯 에스프레소+뜨거운 물)

* ティー類・ジュース類 차 종류, 주스 종류

紅茶やジュース類 홍차나 주스 종류

2. 따뜻한 것(ホット)과 차가운 것(アイス) 중에서 고릅시다.

[주문 예]

カフェ・ラテください。ホットで。

카페라떼 주세요. 따뜻한 것으로요.

3. 사이즈(サイズ)를 고릅시다.

예) スターバックス　스타벅스
- ・ショート(S) 숏 (가장 작은 사이즈)
- ・トール(T) 톨
- ・グランデ(G) 그란데
- ・ベンティ(V) 벤티 (가장 큰 사이즈)

[주문 예]

店員(점원)

サイズは、どちらにしますか？

사이즈는 뭘로 하시겠어요?

客(손님)

トールで。

톨로 주세요.

Tip 「○○○で。」하면 '~로.' 라는 뜻이다.

アイスで。아이스로.

グランデで。그란데로.

4. 토핑(トッピング)을 해 봅시다.

- ・50엔 추가로 휘핑크림(ホイップクリーム)을 추가하거나, 시럽(シロップ)을 추가할 수 있다.
- ・에스프레소 추가나 시럽 추가, 우유를 두유(豆乳)로 바꾸는 등, 마음대로 조절할 수 있다.

[주문 예]

客(손님)

カフェ・ラテください。ホットで。サイズはショートで。。

카페라떼 주세요. 따뜻한 걸로. 사이즈는 숏으로요.

あと、エスプレッソ追加してください。

그리고 에스프레소 추가해 주세요.

店員(점원)

かしこまりました。

알겠습니다.

MEMO

제 06 과

わざと あけてあるんです。

일부러 뚫려져 있는 거예요.

Clip_01   ～ている

➲ 학습 내용 ────────────────

   1. 문형 44 ～ている(진행, 직업, 습관, 결과상태)

────────────────────────────────

①

> **문형 44** ～ている(진행, 직업, 습관, 결과상태)
>
> ① (진행)今コーヒーを飲んでいます。지금 커피를 마시고 있습니다.
>
> ② (직업)事務の仕事をしています。사무 일을 하고 있습니다.
>
> ③ (습관)いつも12時に寝ています。항상 12시에 자고 있습니다.
>
> ④ (결과상태)日本から友達が来ています。일본에서 친구가 와 있습니다.

단어   事務 사무   仕事 일, 직업

❊ **동사 て형+ている(진행, 직업, 습관, 결과상태)**

동사에 ている를 붙여서 진행, 직업, 습관, 결과 상태를 나타낼 수 있다.

❊ **진행 : 동사 て형+ている**

동작이나 진행, 계속을 나타내는 「～ている」

• 雨が降っています。비가 내리고 있습니다.

제6과 **わざと あけてあるんです。** 101

- 電話がなっていますよ。 전화가 울리고 있어요.

- 今ご飯を食べています。 지금 밥을 먹고 있습니다.

단어	雨が降る 비가 내리다	電話がなる 전화가 울리다

✿ 직업 : 동사 て형+ている

직업을 나타내는 「~ている」

- 貿易会社に勤めています。 무역회사에 근무하고 있습니다.
- コンビニでアルバイトをしています。 편의점에서 아르바이트를 하고 있습니다.
- 5年前まで数学の先生をしていました。 5년 전까지 수학 선생님을 하고 있었습니다.

단어	貿易会社 무역회사	勤める [동2] 근무하다
	コンビニ 편의점	アルバイト 아르바이트
	数学 수학	

✿ 습관 : 동사 て형+ている

습관이나 행위의 반복을 나타내는 「~ている」

- 毎朝ジョギングをしています。 매일 아침 조깅을 하고 있습니다.
- 勤務先へは地下鉄で通っています。 근무처에는 지하철로 다니고 있습니다.
- 高校の時はバスで通っていました。 고등학교 때는 버스로 다니고 있었습니다.

단어	毎朝 매일 아침	ジョギング 조깅
	勤務先 근무처	地下鉄 지하철
	通う [동1] 다니다	高校 고등학교
	~の時 ~때	

✿ 결과 상태 : 동사 て형+ている

동작이나 작용의 결과에 대한 상태가 그대로 지속되고 있음을 나타내는 「~ている」

- A：結婚していますか。 결혼했습니까?

B：いいえ、まだ結婚していません。　아니요, 아직 안했습니다.

・ドアが開いていました。　문이 열려 있었습니다.

・銀行の前におさいふが落ちていました。　은행 앞에 지갑이 떨어져 있었습니다.

단어	結婚する [동3] 결혼하다	開く [동1] 열리다
	おさいふ 지갑	落ちる [동2] 떨어지다

(* 결과 상태에 대한 구체적인 내용은 『한국어와 다른 일본어』 참조.)

Clip_02　～てある

➲ 학습 내용 ────────────────────

1. 문형 45 ～てある　～해 놓다, ～해 있다

────────────────────────────

1 문형 45 ～てある　～해 놓다, ～해 있다

① A：招待状は送りましたか。초대장은 보냈어요?

　　B：はい、もう送ってあります。네, 이미 보내 놓았습니다.

② A：バスで行きましょう。バスの時間、分かりますか。

　　버스로 갑시다. 버스 시간 아시나요?

　　B：はい、バスの時間表は調べてあります。

　　네, 버스 시간표는 조사해 놓았습니다.

단어	招待状 초대장	送る [동1] 보내다
	バス 버스	分かる 알다, 이해할 수 있다
	時間表 시간표	調べる [동2] 조사하다

❋ 동사 て형+てある ～해 놓다, ～해 있다

내가 혹은 누군가가 <u>의도(意図)적으로</u> 어떤 행위를 한 결과 발생한 상태가 남아 있는 것을 말하고 싶을 때 사용한다. 예를 들어, 다음 대화 내용에서 B가 「はい、買いました。」라고 할 경우, 단순히 구매한 사실을 말한 것이지만, 「はい、もう買ってあります。」라고 하면 구매를 하고 잘 준비가 되어 있다 또는 구매하고 잘 보관하고 있다 와 같은 뉘앙스가 포함이 된다. 그래서 잘 완료가 된 것을 강조하고 싶을 때 사용하는 표현이다.

   A：チケットは買いましたか。티켓은 샀습니까?

   B：はい、もう買ってあります。네, 이미 사 놓았습니다.

   | 단어 | チケット   티켓 |

❋ 자동사+ている 와 타동사+てある

~てある 앞에는 반드시 <u>타동사</u>가 와야 한다. 開く−開ける 와 같이 '쌍을 이루는 자동사(自動詞)와 타동사(他動詞)'(문법PLUS참고)인 경우, 자동사+ている와 타동사+てある는 비슷한 의미를 가진다.

   開く(자동사) - 開ける(타동사)

   1 まどが開いています。창문이 열려 있습니다.

➡ 단순히 열려 있는 상태를 단순히 묘사.

   2 まどが開けてあります。창문이 열려 있습니다.

➡ '누군가가 <u>의도적으로</u> 창문을 열었다' 와 같은 동작주의 의도(意図)가 포함.

1, 2번 모두 창문이 열려 있는 것을 나타내는 표현이다. 그런데 말하는 이의 의도는 다르다. 1번은 보이는 상태를 그대로 말하고 있는 반면, 2번은 누군가가 어떤 목적을 가지고 한 결과라고 말하고 있다.

예) 호텔 직원에게 방에 있는 물건에 대해서 물어 봤을 때

직원 : タオルはバスルームに置いてあります。

수건은 욕실에 놓여져 있습니다.

ガウンは壁にかけてあります。 가운은 벽에 걸려져 있습니다.

➡ 내가 또는 다른 직원이 '놔두었다', '걸어 놓았다'의 뜻.

단어	まど 창문	開く [동1] 열리다
	開ける [동2] 열다	タオル 수건
	バスルーム 욕실	置く [동1] 나두다
	ガウン 가운	壁 벽
	かける [동2] 걸다	

Clip_03 〜ておく

➦ 학습 내용 ————————————————————

1. 문형 46 〜ておく 〜해 놓다, 〜해 두다
2. 문형 47 〜ておいてください 〜해 놓으세요, 〜해 두세요.

---

1 문형 46 〜ておく 〜해 놓다, 〜해 두다

① A : 明日の会議は中止になりました。 내일 회의는 중지되었습니다.

　　B : 分かりました。田中さんにも伝えておきます。

　　　　알겠습니다. 다나카 씨에게도 전달해 두겠습니다.

② 田中さんにも言っておきました。 다나카 씨에게도 말해 두었습니다.

③ メールを送っておきました。 메일을 보내 두었습니다.

단어	会議 회의	中止になる 중지 되다
	伝える [동2] 전하다	メール 메일

<ruby>分<rt>わ</rt></ruby>かりました。 알겠습니다.　×<ruby>分<rt>わ</rt></ruby>かります。

Tip '알겠습니다.'

흔히 말하는 '알겠습니다.'는 일본어로는 '×<ruby>分<rt>わ</rt></ruby>かります。'라고 하지 않고, '<ruby>分<rt>わ</rt></ruby>かりました。'라고 해야 한다. '<ruby>分<rt>わ</rt></ruby>かります。'라는 말은 '이해합니다. 이해가 됩니다.'와 같은 뜻이 된다.

❋ 동사 て형+ておく　〜해 놓다, 〜해 두다

어떤 목적을 위해 어떤 행위를 하고, 그 결과가 남아 있는 것이 「〜てある」라고 배웠다. 이와 비슷한 표현에 「〜ておく」가 있다. 그런데, 「〜てあります」는 이미 실행한 후의 일을 나타내는 반면, 「〜ておきます」는 지금부터 실행할 것을 의미한다.

그래서 「〜ておく」는 미래에 일에 대해서도 쓸 수 있지만, 「〜てある」는 미래에 대해서 쓸 수 없다.

- <ruby>明日<rt>あした</rt></ruby>、チケットを<ruby>買<rt>か</rt></ruby>っておきます。　내일, 티켓을 사 놓겠습니다.
  ×<ruby>明日<rt>あした</rt></ruby>、チケットを<ruby>買<rt>か</rt></ruby>ってあります。

그렇다면 「〜てあります」와 「〜ておきました」의 차이는 무엇일까?

A： チケットは<ruby>買<rt>か</rt></ruby>いましたか。 티켓은 샀습니까?

B： ① はい、もう<ruby>買<rt>か</rt></ruby>ってあります。 네, 이미 사 놓았습니다.

　　② はい、もう<ruby>買<rt>か</rt></ruby>っておきました。

①②는 둘 다 "티켓은 이미 샀다." 라는 뜻이다. ①<ruby>買<rt>か</rt></ruby>ってあります。 는 구매한 결과 티켓이 존재하고 있는 상황을 나타내는 반면, ②<ruby>買<rt>か</rt></ruby>っておきました。 는 '미리 티켓을 준비해 놓았다' 라는 뜻이다.

❋ 「〜てある」와 「〜ておく」

1) 「〜ておきます」는 지금부터 실행할 것을 의미하며, 「〜てあります」은 이미 실행한 후의 일을 나타낸다.

① ホテルを予約しておきます。

호텔을 예약해 놓겠습니다 .← 아직 예약하지 않았다.

①′ホテルを予約してあります。

호텔을 예약해 두었습니다. ←이미 예약했다.

2) 「~ておきました」는 동작, 행위에 초점이 맞춰져 있고, 「~てあります」는 결과의 상태에 초점이 맞춰져 있다.

② スープは温めておきました。

스프는 데워 놓았습니다. ← 미리 스프를 데워 둔 행위에 초점이 맞춰져 있다.

②′スープは温めてあります。

스프는 데워져 있습니다. ← 데워 둔 스프가 따뜻한 상태로 있다는 것에 초점이 맞춰져 있다.

3) 「てある」는 미래의 일에는 쓰지 않는다.

③ 明日、ホテルを予約しておきます。 내일, 호텔을 예약해 놓겠습니다.

③′×明日、ホテルを予約してあります。

단어	ホテル	호텔	予約する	[동3] 예약하다
	スープ	스프	温める	[동2] 데우다

2 문형 47 ～ておいてください ～해 놓으세요, ～해 두세요

① A：先生、試験の前に何をしたらいいですか。
　　　선생님, 시험 전에 무엇을 하면 좋을까요?
　B：会話文をよく読んでおいてください。 회화문을 잘 읽어 두세요.
　　（会話文をよく読んどいてください。）
② 書類は机の上に置いておいてください。
　　서류는 책상 위에 놔두어 주세요(書類は机の上に置いといてください。）

* 회화에서는 「~ておく」를 「~とく」, 「~でおく」를 「~どく」라고 한다.

단어	試験 시험		会話文 회화문
	よく 잘		書類 서류
	机の上 책상 위		

✽ ~ておいてください　~해 놓으세요, ~해 두세요.

• 電気を消しておいてください。불을 꺼 놓으세요.　　　(消しといて)

• 荷物をまとめておいてください。짐을 챙겨 놓으세요.　(まとめといて)

단어	電気 전기	消す [동1] 끄다, 지우다
	荷物 짐	まとめる [동2] 정리하다, (짐을) 챙기다

문형패턴연습

1) 문형 44 ～ている(진행, 직업, 습관, 결과상태)

① 今、図書館で勉強しています。지금 도서관에서 공부하고 있습니다. (진행)

② 高校で数学を教えています。고등학교에서 수학을 가르치고 있습니다. (직업)

③ 週に２回、水泳を習っています。주2회, 수영을 배우고 있습니다. (습관,반복)

④ 家族とソウルに住んでいます。가족과 서울에 살고 있습니다. (결과상태)

단어	週に～回 주~회	水泳 수영
	住む [동1] 살다, 거주하다	

2) 문형 45 ～てある ～해 놓다, ～해 있다

① A：名古屋まで新幹線で行くんですか。나고야까지 신칸센으로 가나요?

  B：はい。もうきっぷも買ってあります。네, 벌써 표도 사 놓았어요.

② A：何が必要ですか。뭐 필요해요?

  B：何もいりません。材料は机の上に置いてあります。

  아무것도 필요 없어요. 재료는 책상 위에 놓아 났어요.

③ A：これどうやってやるんですか。이거 어떻게 하는 거에요?

  B：ここに説明が書いてありますよ。여기에 설명이 써 있어요.

단어	名古屋 나고야	新幹線 신칸센
	きっぷ 표	いる [동1] 필요하다
	材料 재료	どうやって 어떻게
	説明 설명	

3) 문형 46 ～ておく ～해 놓다, ～해 두다

① A：来週の水曜日に会いましょう。다음 주 수요일에 만납시다.

B : 水曜日ですね。山田さんにも電話で言っておきます。

　　　수요일이죠. 야마다 씨에게도 전화로 말해 놓겠습니다.

② 部屋のかぎをかけておきました。방을 잠가놓았습니다.

③ 1時に予約を入れておきました。1시에 예약을 넣어 두었습니다.

> **단어**　　~にも　~에도, ~에게도　　　　　かぎをかける　문을 잠그다. (かぎ 열쇠, かける 걸다)
>
> 予約を入れる　예약을 넣다

4) 문형 47 ~ておいてください　~해 놓으세요, ~해 두세요.

① ドアは開けておいてください。문은 열어 놓으세요.

② パスポートをとっておいてください。여권을 취해 놓으세요. (준비해 놓으세요.)

③ 教科書を準備しておいてください。교과서를 준비해 놓으세요.

> **단어**　　パスポートをとる　여권을 취하다(준비하다, 마련하다)
>
> 教科書　교과서　　　　　　　　　　準備する　[동3] 준비하다

과제 쓰기노트

① 今食べているのは何ですか。　　　　지금 먹고 있는 것은 무엇입니까?

　➡ _____

② Ｔシャツに穴があいています。　　　티셔츠에 구멍이 뚫려 있습니다.

　➡ _____

③ わざとあけてあるんです。　　　　　일부러 뚫려져 있는 거예요.

　➡ _____

④ 計画を立てておきましょう。　　　　계획을 세워 놓읍시다.

　➡ _____

단어	Ｔシャツ　티셔츠	穴　구멍
	穴があく　구멍이 나다	穴をあける　구멍을 내다
	わざと　일부러	計画を立てる　계획을 세우다

동작이나 작용의 결과에 대한 상태가 그대로 지속되고 있음을 나타낸다. 구체적으로는 다음과 같다.

1) 주체의 상태 변화를 나타내는 동사 +ている

- おさいふが落ちている。 지갑이 떨어져있다.

    지갑이 떨어졌다. 그 결과가 남아서 그대로인 상태이다.

    落ちる   →   落ちている

    (떨어졌다)   (떨어져있다)

- 花が咲いています。꽃이 피었습니다. (피어져 있습니다.)

- ドアが開いています。문이 열려 있습니다.

- 電気がついています。불이 켜져 있습니다.

- 今日は晴れています。오늘은 맑습니다.

> **단어** 咲く [동1] 피다   開く [동1] 열리다
>
> つく [동1] 켜지다, 붙다   晴れる [동2] 맑다

2) 착탈(着脱)을 나타내는 동사 +ている (복장에 대해 말하는 표현)

- 田中さんは白いズボンをはいている。 다나카 씨는 하얀 바지를 입었다.

    아침에 바지를 입었다. 그 결과가 남아서 그대로인 상태이다.

    はいた → はいている
    (입었다)   (입은 상태. 입고 있다.)

- 田中さんはめがねをかけています。다나카 씨는 안경을 쓰고 있습니다. (썼습니다.)

- 黒のコートを着ています。검정색 코트를 입고 있습니다.(입었습니다.)

- 茶色のくつをはいています。갈색 신발을 신고 있습니다.(신었습니다.)

> **단어** めがねをかける 안경을 쓰다
>
> はく (아래서 입을 것을) 입다   ・ズボンをはく 바지를 입다
> ・スカートをはく 치마를 입다   ・くつをはく 신발을 신다

3) 위치 변화, 이동을 나타내는 동사 +ている

- パクさんは今日本に行っています。박 씨는 지금 일본에 가 있습니다.

일본에 갔다. 지금도 그대로 일본에 있다.

$\overset{い}{行}$った → $\overset{い}{行}$っている

(갔다)　　　　(가 있다)

- すずきさんは、$\overset{いま}{今}$ソウルに$\overset{き}{来}$ています。스즈키 씨는 지금 서울에 와 있습니다.
- $\overset{はは}{母}$は$\overset{いま}{今}$、$\overset{で}{出}$かけています。어머니는 지금 나가 있습니다. (외출중입니다.)
- $\overset{あに}{兄}$は$\overset{いえ}{家}$に$\overset{もど}{戻}$っています。형은 집에 돌아와 있습니다. (집에 있습니다.)

4) 유지를 나타내는 동사 +ている

- $\overset{きむら}{木村}$さんは$\overset{けっこん}{結婚}$しています。기무라 씨는 결혼했습니다.

결혼했다. 지금도 그대로 같은 상태이다.

$\overset{けっこん}{結婚}$した → $\overset{けっこん}{結婚}$婚している

(결혼했다)　　(결혼한 상태)

- パクさんは$\overset{にほん}{日本}$の$\overset{だいがく}{大学}$を$\overset{そつぎょう}{卒業}$しています。박 씨는 일본 대학교를 졸업했습니다.
- $\overset{たなか}{田中}$さんはまだ$\overset{にゅういん}{入院}$しています。다나카 씨는 아직 입원해 있습니다. (입원 중입니다.)
- A:$\overset{たなか}{田中}$さんの$\overset{でんわばんごう}{電話番号}$を$\overset{し}{知}$っていますか。다나카 씨의 전화번호를 알고 있습니까? (압니까?)

B:はい、$\overset{し}{知}$っています。네, 압니다.

B:いいえ、$\overset{し}{知}$りません。아니요, 모릅니다.

Tip 「$\overset{し}{知}$る」의 형태에 주의!

	긍정		부정
○	$\overset{し}{知}$っています。압니다. $\overset{し}{知}$っていますか。압니까?	○	$\overset{し}{知}$りません。모릅니다. $\overset{し}{知}$りませんか。모릅니까?
×	$\overset{し}{知}$ります。 $\overset{し}{知}$りますか。	×	$\overset{し}{知}$っていません。 $\overset{し}{知}$っていませんか。

단어　$\overset{そつぎょう}{卒業}$する [동3] 졸업하다　　$\overset{にゅういん}{入院}$する [동3] 입원하다

$\overset{でんわばんごう}{電話番号}$ 전화번호

쉬어가기

질문 〉〉〉〉〉〉〉

'대학은 졸업했습니다.' '고양이가 죽었습니다.' 이것을 「大学は卒業しました。」「猫が死にました。」라고 하면 틀린 방법입니까? 꼭 '~ている'를 사용해서 「大学は卒業しています。」「猫が死んでいます。」라고 해야 맞는 건가요?

답변 〉〉〉〉〉〉〉〉〉〉

한국인 학습자들에게 자주 듣는 질문입니다.

한국어에는 '결과상태를 나타내는 ている'와 대응하는 표현이 없기 때문에, '대학은 졸업했습니다 / 고양이는 죽었습니다.'를 일본어로 하라고 했을 때 「大学は卒業しました。/ 猫が死にました。」라고도 표현할 수 있습니다.

그런데 「卒業しました。/ 死にました。」는 과거에 한 시점만, 즉 졸업한 순간, 죽은 순간을 나타낸 것이고, 「卒業しています。/ 猫が死んでいます。」는 지금의 상태를 나타낸 것입니다.

한국어는 '졸업을 했냐 안 했냐/고양이가 죽었냐 안 죽었냐.' 와 같이 어떤 동작이 끝났는가에 주목하고 표현을 하는 반면, 일본어는 <u>지금의 상태, 즉 졸업한 상태인지, 고양이가 죽은 상태인지, 변화의 결과 상태에 주목합니다.</u> 이것은 순간동사에만 적용이 되며 '결과상태를 나타내는 ている'를 써서 표현하는 것입니다.

「ねこが死んだ。」라고 하게 되면 지금 이 순간에 고양이가 눈앞에서 죽은 거에요.
이 시제는 현재가 됩니다.
그런데 죽은 고양이가 길가에 누워 있는 것을 봤을 때는 「ねこが死んでいる。」라고 합니다.
이 시제는 과거입니다.

「電気をつけた。(전기를 켰다.)」혹은 「電気がついた。(전기가 켜졌다.)」도 마찬가지로 지금 이 순간에 불을 킨 거에요. 혹은 불이 켜진 겁니다. 그런데 방안에 불이 켜져 있는 것을 보고 「電気がついている。」라고 합니다. 이 시제는 과거입니다.

여기서 중요한 것은 한국어 번역이 아니라 일본어 동사에 종류에 따라 'ている'가 붙었을 때 '진행'을 나타낼 때가 있고, '결과상태의 지속'을 나타낼 때가 있다라는 점입니다.

「大学は卒業しました。」의 경우는 대학을 졸업했는지 안 했는지에 초점이 있을 때는

> 「大学は卒業しましたか?」「はい、卒業しました。」
> 「大学は卒業していますか?」「はい、卒業しています。」

두 표현에 큰 차이가 없습니다. 그런데 아래와 같이 부정형이 될 때는 'ている'를 써야 합니다.

> × 大学は卒業しません。
> ○ 大学は卒業していません。

이것을 한국어로 번역하면 '대학은 졸업하지 않았습니다.'라고 하기 때문에 '결과상태를 나타내는 ている'의 용법을 모르는 학습자는 어렵다고 느끼게 됩니다. '결과상태를 나타내는 ている'를 직역한다면 '~한 상태입니다.' 라고 할 수 있습니다. 위 문장을 직역한다면 '대학은 졸업하지 않은 상태입니다.' 라고 할 수 있겠습니다.

'결혼했습니까?'
「結婚していますか。」가 아닌 「結婚しましたか。」라고 한다면, 아주 가까운 과거를 묻는 표현이 됩니다. 예를 들어, 「ああ、ついに結婚しましたか。우와, 드디어 결혼했습니까!」와 같이 감탄을 포함한 뉘앙스로 쓰이는 경우입니다. 일본어는 지금이 결혼한 상태인지를 표현하기 때문에 「結婚していますか。」「はい、結婚しています。」「いいえ、まだ結婚していません。」와 같이 표현을 합니다.

이와 같은 '결과상태를 나타내는 ている'를 토대로 '～てある', '～ておく'에 설명이 이어집니다. 이러한 한국어에 없는 표현은 이후, 수수표현, 수동태, 예측표현 등 계속 나옵니다. 일본어는 한국어와 어순이 똑같다 보니까 표현도 똑같을 것이라고 생각했던 학습자들에게 어렵게 느껴지는 단계입니다. 이제부터는 한국어와 전혀 다른 일본어라고 생각하세요. 한국어 번역에만 의지하고 있는 단계가 초급이라면, 일본어 용법으로 그 차이를 알아가는 단계가 중급 단계라고 할 수 있겠습니다. 그래야 일본어다운 표현을 사용할 수 있습니다. 한국어적인 발상으로 일본어를 하게 되면 일본인이 들었을 때 뜻은 알겠지만 어색한 표현이 됩니다. 그것은 단순히 일본어로 '틀렸다, 맞았다'라는 초급 단계입니다. 한국어와 전혀 다르다고 생각해서 일본어 표현을 용법으로 알아보려고 하는 학습자는 남들보다 더 빨리 자연스러운 일본어를 구사하게 됩니다.

[쌍을 이루는 자동사와 타동사] 표

자동사 自動詞		타동사 他動詞	
유형 : -aru/-eru			
上(あ)がる	오르다	上(あ)げる	올리다
集(あつ)まる	모이다	集(あつ)める	모으다
捕(つか)まる	붙잡히다	捕(つか)まえる	붙잡다
伝(つた)わる	전해지다	伝(つた)える	전하다
終(お)わる	끝나다	終(お)える	끝내다
変(か)わる	변하다	変(か)える	바꾸다
決(き)まる	정해지다	決(き)める	정하다
下(さ)がる	내리다, 내려가다	下(さ)げる	내리다
閉(し)まる	닫히다	閉(し)める	닫다
止(と)まる	멈추다, 그치다	止(と)める	멈추다, 세우다
始(はじ)まる	시작되다	始(はじ)める	시작하다
曲(ま)がる	구부러지다	曲(ま)げる	구부리다
見(み)つかる	발견되다	見(み)つける	발견하다
-reru/-su			
壊(こわ)れる	부서지다	壊(こわ)す	부수다
倒(たお)れる	넘어지다	倒(たお)す	넘어뜨리다
汚(よご)れる	더러워지다	汚(よご)す	더럽히다
-reru/-ru			
売(う)れる	팔리다	売(う)る	팔다
折(お)れる	접히다	折(お)る	접다
切(き)れる	잘리다	切(き)る	자르다
取(と)れる	떨어지다, 빠지다	取(と)る	잡다, 취하다
割(わ)れる	부서지다	割(わ)る	부수다
-ru/-su			
写(うつ)る	비쳐 보이다, 찍히다	写(うつ)す	그리다, 찍다
返(かえ)る	되돌아가다	返(かえ)す	되돌리다
帰(かえ)る	돌아오(가)다	帰(かえ)す	돌려보내다

出(で)る	나가다	出(だ)す	내보내다
直(なお)る	고쳐지다	直(なお)す	고치다
治(なお)る	낫다	治(なお)す	낫게 하다
残(のこ)る	남다	残(のこ)す	남기다
回(まわ)る	돌다	回(まわ)す	돌리다
戻(もど)る	되돌아오(가)다	戻(もど)す	되돌리다
なくなる	없어지다	なくす	잃다

-eru/-asu			
遅(おく)れる	늦다	遅(おく)らす	늦추다
逃(に)げる	도망치다	逃(に)がす	놓치다
ぬれる	젖다	ぬらす	적시다
冷(ひ)える	차가워지다	冷(ひ)やす	차게 하다
増(ふ)える	늘다	増(ふ)やす	늘리다
ゆれる	흔들리다	ゆらす	흔들다
消(き)える	꺼지다	(예외) 消(け)す	끄다

-iru/-osu			
起(お)きる	일어나다	起(お)こす	일으키다
落(お)ちる	떨어지다	落(お)とす	떨어뜨리다
降(お)りる	내리다	降(お)ろす	내리다
下(お)りる	내려오다	下(お)ろす	내리다

-u/-eru			
開(あ)く	열리다	開(あ)ける	열다
育(そだ)つ	자라다	育(そだ)てる	기르다
立(た)つ	서다	立(た)てる	세우다
建(た)つ	서다, 세워지다	建(た)てる	세우다, 짓다
つく	붙다 켜지다	つける	붙이다 키다
続(つづ)く	계속되다	続(つづ)ける	계속하다
届(とど)く	(짐이)도착하다, 닿다	届(とど)ける	(짐을)보내다

-u/-asu			
動(うご)く	움직이다	動(うご)かす	움직이게 하다
乾(かわ)く	마르다	乾(かわ)かす	말리다
飛(と)ぶ	날다	飛(と)ばす	날리다
泣(な)く	울다	泣(な)かす	울리다
沸(わ)く	끓다	沸(わ)かす	끓이다

すぐに良くなりました。
바로 좋아졌습니다.

Clip_01 변화 표현 い형용사＋なる

➔ 학습 내용 ─────────────────────

　1. 문형 48 い형용사＋くなる

① 　문형 48　い형용사＋くなる　～해지다.

　　① 손님 : これは、おいくらですか。 이것은 얼마입니까?

　　　　점원 : そちらは、少しお値段が高くなります。

　　　　　　　그 쪽은 조금 가격이 높아집니다.

　　② A : 月曜日の午後、空いていますか。

　　　　　월요일 오후, 시간 괜찮아요? (시간 되요?)

　　　　B : 月曜日は、ちょっと。来週から忙しくなるんです。

　　　　　월요일은, 좀. 다음 주부터 바빠지거든요.

단어　　おいくらですか。 얼마에요?　　　　　　お値段　가격

　　　　空く　[동1] 비다

Tip　空いていますか。

　　明日は、空いていますか。　내일은 시간 되요?

　　席、空いていますか。 이 자리가 비어 있어요?

✿ **い형용사い＋くなる ～해지다.**

　'なる'는 '되다'라는 뜻이다. 형용사에 'なる'를 붙이면 '~해지다'와 같은 변화 표현을 만들 수 있다. 이 때 い형용사는 어미 'い'를 떼고 'く'로 바꿔서 'なる'를 붙여야 한다.

　　熱い 뜨겁다 → 熱い＋くなる → 熱くなる 뜨거워지다

　　水が熱くなる。물이 뜨거워지다.

　　水が熱くなります。물이 뜨거워집니다.

　　水が熱くなった。물이 뜨거워졌다.

　　水が熱くなりました。물이 뜨거워졌습니다.

　　水が熱くならない。물이 뜨거워지지 않는다.

　　水が熱くなりません。물이 뜨거워지지 않습니다.

　　水が熱くならなかった。물이 뜨거워지지 않았다.

　　水が熱くなりませんでした。물이 뜨거워지지 않았습니다.

활용 연습

大きい	크다	→	大きくなる	커지다
小さい	작다	→	小さくなる	작아지다
暑い	덥다	→	暑くなる	더워지다
難しい	어렵다	→	難しくなる	어려워지다

・えりちゃん、大きくなったね。에리, 많이 컸네.

・最近、暑くなりましたね。요즘 더웠졌네요.

・目が少し赤くなっているよ。だいじょうぶ？ 눈이 조금 빨개져 있어. 괜찮아?

Tip　赤い → 赤い＋くなる → 赤くなる 빨개지다

　　赤くなる＋ている → 赤くなっている 빨개져 있다

✽ いい 좋다 → よくなる 좋아지다

いい 좋다 → いい＋くなる→ ×いくなる/○よくなる(良くなる) 좋아지다

A：病院の薬のおかげで、すぐに良くなりました。 병원 약 덕분에 바로 좋아졌어요.

B：それは良かったですね。 그건 다행이네요.

Clip_02 변화 표현 な형용사, 명사＋なる

➲ 학습 내용
1. 문형 49 な형용사＋になる 〜해지다.
2. 문형 50 명사＋になる

---

1 문형 49 な형용사＋になる 〜해지다.

① 運動を始めて、体がじょうぶになりました。

운동을 시작해서 몸이 건강해졌습니다.

② 日本語がずいぶん上手になりましたね。 일본어가 매우 능숙해졌네요.

③ 日本のアニメを見て、日本語が好きになりました。

일본 애니메이션을 보고, 일본어를 좋아하게 되었습니다.

④ 子供が生まれて、にぎやかになりました。

아이가 태어나서 떠들썩해졌습니다.

단어

運動 운동		始める [동2] 시작하다	
じょうぶ [な형] 튼튼하다		ずいぶん 꽤, 아주	
アニメ 애니메이션		生まれる [동2] 태어나다	
にぎやか [な형] 번화하다, 떠들썩하다			

✽ な형용사＋になる 〜해지다.

な형용사의 변화 표현은 な형용사 다음에 'に'를 붙이고 나서 'なる'를 붙인다.

きれい 깨끗하다 → きれい＋になる → きれいになる 깨끗해지다

部屋(へや)がきれいになる。 방이 깨끗해지다.

部屋(へや)がきれいになります。 방이 깨끗해집니다.

部屋(へや)がきれいになった。 방이 깨끗해졌다.

部屋(へや)がきれいになりました。 방이 깨끗해졌습니다.

部屋(へや)がきれいにならない。 방이 깨끗해지지 않는다.

部屋(へや)がきれいになりません。 방이 깨끗해지지 않습니다.

部屋(へや)がきれいにならなかった。 방이 깨끗해지지 않았다.

部屋(へや)がきれいになりませんでした。 방이 깨끗해지지 않았습니다.

활용 연습

静(しず)か	조용하다	→	静(しず)かになる	조용해지다
にぎやか	번화하다	→	にぎやかになる	번화해지다
有名(ゆうめい)	유명하다	→	有名(ゆうめい)になる	유명해지다

✿ 형용사＋なってきました　~해지고 있습니다. ~해지기 시작했습니다.

'なる 되다'에 'てくる ~하고 오다, ~해 오다'를 합친 'なってくる'를 형용사에 붙이면 '~해지고 있다,~해지기 시작했다'라는 뜻이 된다.

おもしろい　　→　おもしろくなってきました。

재미있다　　　재미있어지고 있습니다. 재미있어지기 시작했습니다.

* い형용사い＋くなる＋てくる　→い형용사い＋くなってくる　~해지고 있다,~해지기 시작했다

A : 韓国語(かんこくご)の勉強(べんきょう)は、どうですか。　한국어 공부는 어때요?

B : だんだん難(むずか)しくなってきました。점점 어려워지고 있어요.(어려워지기 시작했어요.)

단어　だんだん 점점

＊な形용사＋になる＋てくる　→な형용사＋になってくる　~해지고 있다,~해지기 시작했다

・どんどん複雑_{ふくざつ}になってきました。

　갈수록 복잡해지고 있습니다.　(복잡해지기 시작했습니다.)

　단어　どんどん　자꾸, 갈수록

Tip 변화를 나타내는 부사

どんどん	자꾸, 갈수록
だんだん	점점
少_{すこ}しずつ	조금씩
見_みる見_みるうちに	금세
ますます	더욱더

② **문형 50** 명사＋になる　~가/이 되다

① 息子_{むすこ}が今年_{ことし}で１０歳_{さい}になりました。 아들이 올해로 10살이 되었습니다.

② あと１０分_{ぶん}で５時_じになります。 앞으로 10분 후에 5시가 됩니다.

③ 夏_{なつ}になって、日_ひが長_{なが}くなりました。 여름이 되고, 해가 길어 졌습니다.

단어　息子_{むすこ} 아들　　　　　　~歳_{さい} ~살, ~세
　　　　夏_{なつ} 여름　　　　　　日_ひが長_{なが}い 해가 길다
　　　　日_ひが短_{みじか}い 해가 짧다

✿ 명사＋になる ~가/이 되다

スチュワーデスになる。스튜어디스가 되다.

スチュワーデスになります。스튜어디스가 됩니다.

スチュワーデスになった。스튜어디스가 되었다.

スチュワーデスになりました。스튜어디스가 되었습니다.

スチュワーデスにならない。스튜어디스가 되지 않는다.

スチュワーデスになりません。스튜어디스가 되지 않습니다.

スチュワーデスにならなかった。스튜어디스가 되지 않았다.

スチュワーデスになりませんでした。스튜어디스가 되지 않았습니다.

～と～なる ～하면 ～해지다

⊃ **학습 내용**

　1. 문형 51　동사 보통형+と、～(い형용사)いくなる　～하면 ～해지다
　2. 문형 52　동사 보통형+と、～(な형용사)になる　～하면 ～해지다

1　문형 51 동사 보통형＋と、(い형용사)いくなる　～하면 ～해지다

　① 冷たいものを飲むと、すぐおなかが痛くなります。

　　차가운 것을 마시면, 바로 배가 아파집니다.

　② エアコンのきいた部屋にいると、調子が悪くなります。

　　에어컨이 틀어진 방에 있으면, 상태가 나빠집니다.

단어

冷たいもの　차가운 것	すぐ　바로
おなか　배	エアコン　에어컨
きく(効く)　효과가 있다	調子が悪い　상태가 나쁘다

✿ **동사 보통형＋と ～하면**

'～と'는 '～하면'이라는 뜻으로, 앞에 동사 보통형이 온다.

　•雨が降ると、～　비가 오면

　•雨が降らないと、～ 비가 오지 않으면

✿ **동사 보통형＋と、(い형용사)いく なる ～하면 ～해지다**

　•白い家具を置くと部屋が明るくなりますよ。흰 가구를 두면, 방이 밝아져요.

　•今出発しないと、遅くなります。지금 출발하기 않으면 늦어집니다.

단어	家具 ^{かぐ} 가구		明るい ^{あか} [い형] 밝다
	遅い ^{おそ} [い형] 늦다		

2 문형 52 동사 보통형+と、～(な형용사)になる　～하면 ～해지다

① 田中さんに会うと元気になります。다나카씨와 만나면 힘이 납니다.

② 薬を飲むと少し楽になります。약을 먹으면 조금 편해집니다.

단어	元気 ^{げんき} [な형] 건강하다, 힘이 나다		薬を飲む ^{くすり の} 약을 먹다
	楽 ^{らく} [な형] 편하다		

✻ **동사 보통형+と、～(な형용사)になる　～하면 ～해지다**

• ここに道路ができると、便利になりますね。여기에 도로가 생기면 편리해지네요.

• この本を読むと、元気になりますよ。이 책을 읽으면 힘이 나요.

단어	道路 ^{どうろ} 도로		できる [동2] 생기다

문형패턴연습

1) 문형 48 い형용사＋くなる ～해지다

① 最近、忙しくなりました。요즘 바빠졌습니다.

② 調子が良くなりました。상태가 좋아졌습니다.

③ 家から近くなりました。집에서 가까워졌습니다.

2) 문형 49 な형용사＋になる ～해지다, ～하게 되다

① 日本語が上手になりました。일본어를 잘하게 되었습니다.

② きれいになりました。깨끗해졌습니다.

③ 好きになりました。좋아하게 되었습니다.

3) 문형 50 명사＋になる ～이/가 되다

① 明日は休みになりました。내일은 쉬는 날이 되었습니다.

② 3時になりました。3시가 되었습니다.

③ 大学生になりました。대학생이 되었습니다.

4) 문형 51 동사 보통형＋と、(い형용사)いくなる ～하면 ～해지다

① これを入れると、おいしくなります。이것을 넣으면 맛있어집니다.

② 遅く寝ると、調子が悪くなります。늦게 자면 상태가(컨디션이) 나빠집니다.

③ お酒を飲むと、頭が痛くなります。술을 마시면 머리가 아파집니다.

> **단어**　調子が悪い 상태가 나쁘다, 컨디션이 나쁘다　　お酒 술

5) 문형 52 동사 보통형+と、～(な형용사)になる ～하면 ～해지다

① このクリームをぬると、手がきれいになります。이 크림을 바르면 손이 깨끗해집니다.

② 連絡がないと、心配になります。연락이 없으면 걱정하게 됩니다.

③ この本で勉強すると、会話が上手になります。

이 책으로 공부하면 회화가 잘하게 됩니다.

단어			
クリーム	크림	ぬる	[동1] 바르다
手	손	連絡する	[동3] 연락하다
ない	없다	心配する	[동3] 걱정하다
会話	회화		

과제 쓰기노트

① すぐに良くなりました。　　　　바로 좋아졌습니다.

　➡ _____

② すっかり元気になりました。　　완전히 건강해졌습니다.

　➡ _____

③ 塩を入れると、味がこくなります。　소금을 넣으면, 맛이 진해집니다.

　➡ _____

④ 毎日練習すると、上手になります。　매일 연습하면 잘하게 됩니다.

　➡ _____

단어	すっかり　완전히	塩　소금
	味がこい　맛이 진하다 (味がうすい 맛이 연하다)	

제08과

あげましょうか。
줄까요?

Clip_01 수수표현(授受表現) 「あげる」, 「くれる」, 「もらう」

⊃ 학습 내용 ───────────────────────

1. 문형 53 ~に[N]をあげます。 ~에게 ~을 줍니다.
2. 문형 54 ~に/から[N]をもらいます。 ~에게(한테)~을 받습니다.
3. 문형 55 ~に[N]をくれます。 (나)에게 [N]을 줍니다.

───────────────────────

①　문형 53 ~に[N]をあげます。　~에게 [N]을 줍니다.
　　　문형 54 ~に/から[N]をもらいます。　~에게(한테)[N]을 받습니다.

　① チェさんは田中さんに花をあげました。
　　최 씨는 다나카 씨에게 꽃을 주었습니다.
　② 田中さんはチェさんに花をもらいました。
　　다나카 씨는 최 씨에게 꽃을 받았습니다.
　③ えりかちゃんがゆうじくんにチョコレートをあげました。
　　에리카 양이 유지 군에게 초콜릿을 주었습니다.
　④ ゆうじくんがえりかちゃんにチョコレートをもらいました。
　　유지 군이 에리카 양한테 초콜릿을 받았습니다.

단어　花 꽃　　　　　　　チョコレート 초콜릿

❀ 수수표현(授受表現)

수수표현(授受表現)이란 教える(가르치다)와 習う(배우다), 売る(팔다)와 買う(사다), 貸す(빌려주다)와 借りる(빌리다)와 같이 '주는 쪽'과 '받는 쪽'의 시점의 차이를 나타낸 것이다. 일본어 수수표현에는 「あげる, くれる, もらう」가 있는데, 이들은 다음과 같이 한국어와 다른 특징을 가지고 있다.

> あげる　주다
> くれる　(상대가 나에게) 주다
> もらう　받다

❀ あげる 주다/もらう 받다

물건의 이동 : [N]+を＋あげる/もらう

- AさんはBさんにプレゼントをあげました。A씨는 B씨에게 선물을 주었습니다.
- BさんはAさんにプレゼントをもらいました。B씨는 A씨에게 선물을 받았습니다.
- BさんはAさんからプレゼントをもらいました。

* 「もらう 받다」는 무엇인가 이동하는 경우에 「から」를 쓸 때도 있다.

❀ [주는 사람] は/が[받는 사람(제3자)]に[N]をあげます。 ～은/이 ～에게 [N]을 줍니다.

- 田中さんは木村さんに本をあげました。다나카 씨는 기무라 씨에게 책을 주었습니다.
- 山田さんはすずきさんに花をあげました。야마다 씨는 스즈키 씨에게 꽃을 주었습니다.

❋ [받는 사람]은/가 [주는 사람]에/から[N]をもらいます。 ~은/이 ~에게(한테)[N]을
받습니다.

- 木村さんは田中さんに本をもらいました。 기무라 씨는 다나카 씨에게 책을 받았습니다.
- すずきさんは山田さんに花をもらいました。

  스즈키 씨는 야마다 씨에게 꽃을 받았습니다.

2 문형 55 ~に[N]をくれます。 (나)에게 [N]을 줍니다.
①えりかちゃんがぼくにチョコレートをくれました。
에리카 양이 나에게 초콜릿을 주었습니다.
②ゆうじくんが私の妹にあめをくれました。
유지 군이 나의 여동생에게 사탕을 주었습니다.

단어 **ぼく** 남자가 본인을 가리킬 때 쓰는 말로 대등한 사람이나 아랫사람에게 쓰는 표현.
私の妹 나의 여동생 **あめ** 사탕

❋ **くれる** (상대가 나에게)주다

물건의 이동 : [N]+を+くれる

「あげる(주다)」는 받는 사람(B)이 <u>나 또는 식구 (가족, 동료 등)</u>일 경우에는 쓸 수 없다. 대
신에 「くれる」를 쓴다.

- ○ Aさんは 私にプレゼントを<u>くれました</u>。
- × Aさんは私にプレゼントを<u>あげました</u>。

  A씨는 나에게 선물을 주었습니다.

- ○ Aさんは妹にプレゼントを<u>くれました</u>。
- × Aさんは妹にプレゼントを<u>あげました</u>。

  A씨는 여동생에게 선물을 주었습니다.

✽ [주는 사람] は/が[받는 사람(나, 식구)]に[N]を くれます。 ～은/이 (나)에게 [N]을 줍니다.

- 田中さんはうちの子供に自転車をくれました。

  다나카 씨는 우리 아이에게 자전거를 주었습니다.

- 誕生日に友達が(私に)時計をくれました。

  생일에 친구가 (나에게) 시계를 주었습니다.

*「～くれる」 문장에서 내가 받을 때는 「私、ぼく(나)」를 생략할 수 있다.

단어	うちの～ 우리집～	子供 아이
	自転車 자전거	時計 시계

✽ 「あげる」와 「くれる」

あげる 주다

くれる (상대가 나에게)주다

- 太郎くんが花子ちゃんにあめを{○あげました/×くれました}。

  다로가 하나코에게 사탕을 주었습니다.

- 太郎くんが私にあめを{×あげました/○くれました}。

  다로가 나에게 사탕을 주었습니다.

Clip_02　「～てあげる」「～てもらう」

➲ 학습 내용 ─────────

1. 문형 56 동사 て형+　てあげます　～해 줍니다.
2. 문형 57 동사 て형+　てもらいます　～해 받습니다.

─────────

1 **문형 56** 동사 て형+ てあげます ～해 줍니다.

① 友達にケーキを作ってあげました。

　친구에게 케익을 만들어 주었습니다.

② チェさんに京都を案内してあげました。

　최 씨에게 교토를 안내해 주었습니다.

③ すずきさんに自転車を貸してあげました。

　스즈키 씨에게 자전거를 빌려 주었습니다.

단어　　ケーキ　케이크　　　　　　　　作る　[동1] 만들다

　　　京都　교토

✿ 동작·행위에 의한 은혜, 이익의 이동 : 동사＋てあげる/てくれる/てもらう

「～をあげる/くれる/もらう」는 [물건]을 주다/받을 때 사용되고, 「～てあげる/てくれる/てもらう」는 [친절한 행위]를 주고받을 때 동사 て형을 붙여서 사용한다.

✿ 동사 て형+ てあげます ～해 줍니다.

「～てあげる」는 <u>친절한 행위</u>를 해줄 때 사용하는 표현.

私は田中くんに日本語を教えてあげました。

나는 다나카 군에게 일본어를 가르쳐 주었습니다.

2 문형 57 동사 て형+ てもらいます ～은/이 ～에게 ～해 받습니다.

① チェさんに電話番号を教えてもらいました。

최정균씨가 전화번호를 가르쳐 주었습니다.

② 田中さんにひっこしを手伝ってもらいました。

다나카씨가 이사를 도와주었습니다.

③ すずきさんに車で送ってもらいました。

스즈키씨가 차로 데려다 주었습니다.

단어　電話番号　전화번호　　　　　　　　　ひっこし　이사

手伝う　[동1] 도와주다

✿ 동사 て형+ てもらいます ～해 받습니다.

「～てもらう」는 친절한 행위를 받을 때, 행위를 받는 측을 주어로 하여 은혜를 표현한다.

木村さん　　　　ぼく
기무라 씨　　　　나

ぼくは木村さんに日本語を教えてもらいました。

기무라씨는 나에게 일본어를 가르쳐 주었습니다.

(직역-나는 기무라씨에게 일본어를 가르쳐 받았습니다.)

* 「もらう받다」는 무엇인가 이동하는 경우에 「から」를 쓸 때도 있다. 지식이나 추상적인 이동도 포함한다.

田中さん{に/から}すずきさんの電話番号を教えてもらいました。

다나카씨가 스즈키씨의 전화번호를 가르쳐 주었습니다.

⊃ 학습 내용

1. 문형 58 동사 て형+てくれます　 ～해 줍니다.

1

문형 58 동사 て형+てくれます　(나에게) ～해 줍니다.

① 田中さんが駅まで送ってくれました。

다나카 씨가 역까지 데려다 주었습니다.

② チェさんが写真をとってくれました。최씨가 사진을 찍어 주었습니다.

③ すずきさんがたこ焼きを作ってくれました。

스즈키씨가 타코야끼를 만들어 주었습니다.

단어　たこ焼き　타코야끼

✳ 「〜てあげる」와「〜てくれる」

「〜てあげる」는 [은혜를 받는 사람] 이 <u>나 또는 식구 (가족, 동료 등)</u>일 경우에는 쓸 수 없다. 대신에 「〜てくれる」를 쓴다.

木村さん　　　ぼく
기무라 씨　　　나

木村さんは(ぼくに)日本語を教えてくれました。

기무라씨는 나에게 일본어를 가르쳐 주었습니다.

×木村さんはぼくに日本語を教えてあげました。

* 「～てくれる」 문장에서 내가 받을 때는 「私、ぼく(나)」를 생략할 수 있다.

❀ ～てくれます (나에게) ～해 줍니다.

* 友達がアルバムを見せてくれました。 친구가 앨범을 보여주었습니다.
* すずきさんが家まで送ってくれました。 스즈키 씨가 집까지 데려다 주었습니다.
* 田中さんがすずきさんの電話番号を教えてくれました。

  다나카씨가 스즈키씨의 전화번호를 가르쳐 주었습니다.

단어	アルバム 앨범	見せる [동2] 보여주다
	送る [동1] 데려다주다	

문형패턴연습

1) 문형 53 ～に[N]をあげます。 ～에게 [N]을 줍니다.

① すずきさんは、田中さんに日本語の本をあげました。

스즈키씨는 다나카씨에게 일본어 책을 주었습니다.

② 山田さんは木村さんに花をあげました。

야마다씨는 기무라씨에게 꽃을 주었습니다.

③ チェさんはイさんにチョコレートをあげました。

최씨는 이씨에게 초콜릿을 주었습니다.

2) 문형 54 ～に/から[N]をもらいます。 ～에게(한테)[N]을 받습니다.

① 田中さんはすずきさん {に/から} 日本語の本をもらいました。

다나카씨는 스즈키씨에게 일본어 책을 받았습니다.

② 木村さんは山田さん {に/から} 花をもらいました。

기무라씨는 야마다씨에게 꽃을 받았습니다.

③ イさんはチェさん {に/から} チョコレートをもらいました。

이씨는 최씨에게 초콜릿을 받았습니다.

3) 문형 55 ～に[N]をくれます。 (나)에게 [N]을 줍니다.

① すずきさんは、私の妹に日本語の本をくれました。

스즈키씨는 나의 여동생에게 일본어 책을 주었습니다.

② 山田さんは(私に)花をくれました。 야마다씨는 (나에게) 꽃을 주었습니다.

③ チェさんは(私に)チョコレートをくれました。

최씨는 (나에게) 초콜릿을 주었습니다.

4) 문형 56 동사 て형+ てあげます ~해 줍니다.

① 木村さんは田中さんに日本語を教えてあげました。

기무라씨는 다나카씨에게 일본어를 가르쳐 주었습니다.

② 山田さんにかさを貸してあげました。 야마다씨에게 우산을 빌려 주었습니다.

③ イさんにおすしをおごってあげました。 이씨에게 초밥을 사 주었습니다.

단어	かさ 우산		おごる [동1] 한턱 내다, 사 주다

5) 문형 57 동사 て형+ てもらいます ~은/이 ~에게 ~해 받습니다.

① 田中さんは木村さんに日本語を教えてもらいました。

기무라씨는 다나카씨에게 일본어를 가르쳐 주었습니다.

(직역: 다나카 씨는 기무라씨에게 일본어를 가르쳐 받았습니다.)

② (私は)すずきさんにかさを貸してもらいました。 스즈키씨가 우산을 빌려 주었습니다.

(직역: (나는) 스즈키씨에게 우산을 빌려 받았습니다.)

③ (私は)中村さんにおすしをおごってもらいました。

나카무라씨가 초밥을 사 주었습니다.

(직역: (나는) 나카무라씨에게 초밥을 한턱 얻어 먹었습니다.)

6) 문형 58 동사 て형+てくれます (나에게) ~해 줍니다.

① 木村さんは(ぼくに)日本語を教えてくれました。

기무라씨는 (나에게) 일본어를 가르쳐 주었습니다.

② すずきさんが(私に)かさを貸してくれました。

스즈키씨가 (나에게) 우산을 빌려 주었습니다.

③ 中村さんが(私に)おすしをおごってくれました。

나카무라씨가 (나에게) 초밥을 사 주었습니다.

① 私は妹に時計をあげました。　　　나는 여동생에게 시계를 주었습니다.

➡ _____

② これは姉がくれました。　　　이것은 언니가 (나에게) 주었습니다.

➡ _____

③ これは姉にもらいました。　　　이것은 언니에게 받았습니다.

➡ _____

④ 友達が貸してくれました。　　　친구가 (나에게) 빌려 주었습니다.

➡ _____

⑤ 友達に貸してもらいました。

친구가 빌려 주었습니다. (친구에게 빌려 받았습니다.)

➡ _____

⑥ 友達に貸してあげました。　　　(내가) 친구에게 빌려 주었습니다.

➡ _____

단어　姉　언니, 누나

수수표현(授受表現)「あげる」,「くれる」,「もらう」,「~てあげる」,「~てくれる」,「~てもらう」에 대해서 학습했다. 일본어 수수표현에는「あげる, くれる, もらう」가 있는데, 이들은 다음과 같이 한국어와 다른 특징을 가지고 있다.

1.「あげる(주다)」와「くれる'(상대가 나에게)주다'」를 구별한다.

　주어가 제3자이고 물건이나 동작을 받는 대상이 '나'이거나 '나의 식구(가족・동료 등)'인 경우는「くれる」라는 표현을 쓴다. (「てくれる ~해 주다」도 마찬가지.)

　・太郎くんが花子ちゃんにあめを{○あげました/×くれました}。

　　다로가 하나코에게 사탕을 주었습니다.

　・太郎くんが私にあめを{×あげました/○くれました}。

　　다로가 나에게 사탕을 주었습니다.

2. 일본어의 수수표현에는 다음 두 가지가 있다.

　물건의 이동 : 명사+を＋あげる/くれる/もらう

　동작・행위에 의한 은혜, 이익의 이동 : 동사て형＋てあげる/てくれる/てもらう

　・太郎くんが花子ちゃんにかさを貸してあげました。

　　다로가 하나코에게 우산을 빌려주었습니다.

　・太郎くんが私にかさを貸してくれました。

　　다로가 나에게 우산을 빌려주었습니다.

　・(私は)太郎くんにかさを貸してもらいました。

　　다로가 (나에게) 우산을 빌려주었습니다.

　　(직역: (나는) 다로에게 우산을 빌려 받았습니다.)

제09과

おさしみは食べられますか。
회는 먹을 수 있습니까?

단어   おさしみ 회

Clip_01   조건 표현 「～たら、～ば」

➲ 학습 내용 ───────────────

1. 문형 59 ～たら ～하면
2. 문형 60 ～ば ～하면

1

문형 59 ～たら ～하면

① 駅に着いたら電話してください。 역에 도착하면 전화해 주세요

② 水をたくさん飲んだらいいですよ。 물을 많이 마시면 좋아요.

③ 田中さんに会ったら、このふうとうをわたしてください。

　다나카 씨를 만나면 이 봉투를 건네 주세요

단어   ふうとう 봉투　　　　　　　わたす [동1] 건네주다

✽ 일본어 조건표현

한국어의 조건(条件), 가정(仮定)표현인 '~하면', '~이면'에 해당하는 일본어의 조건, 가정표현은 「～と」「～ば」「～たら」「～なら」의 4가지 형식이 있다. 그 중에서도 제한이 제일 적고 회화에서 자주 쓰이는 표현이 「～たら」이다.

✿ 「〜たら」 만드는 법

- 동사　た형＋たら

行く	가다	行ったら	가면
見る	보다	見たら	보면
来る	오다	来たら	오면
する	하다	したら	하면

- い형용사　た형＋たら

大きい	크다	大きかったら	크면
小さい	작다	小さかったら	작으면
いい	좋다	良かったら	좋으면

- な형용사 た형＋たら

元気	건강하다	元気だったら	건강하면
きれい	깨끗하다	きれいだったら	깨끗하면

- 명사＋だったら

休み	휴일	休みだったら	휴일이면
学生	학생	学生だったら	학생이면

- 寒かったら言ってください。추우면 말해 주세요.

- 大変だったら手伝いますよ。힘들면 도울게요.

2 　문형 60 〜ば 〜하면

① 見れば分かります。보면 압니다.

② A：きっぷを買いたいんですけど。표를 사고 싶은데요.

　　B：青いボタンを押せば出てきますよ。파란 버튼을 누르면 나옵니다.

③ A：ずいぶん静(しず)かですね。매우 조용하네요

B：夕方(ゆうがた)になれば、にぎやかになりますよ。

저녁이 되면, 떠들썩 해 져요.

단어			
分(わ)かる	[동1] 알다, 이해하다	きっぷ	표
青(あお)い	파랗다	ボタン	버튼
押(お)す	[동1] 누르다	出(で)る	[동2] 나오다
夕方(ゆうがた)	저녁	~になる	~가 되다

✿「~ば」만드는 법

• **동사+ば**

1그룹: 어미를 **<u>「え」단</u>**으로 바꾸고「ば」를 붙인다.

行(い)く 가다 → 行(い)け+ば → 行(い)けば 가면

会(あ)う 만나다 → 会(あ)え+ば → 会(あ)えば 만나면

2그룹: 어미를 떼고「れば」를 붙인다.

食(た)べる 먹다 → 食(た)べ~~る~~+れば → 食(た)べれば 먹으면

見(み)る 보다 → 見(み)~~る~~+れば → 見(み)れば 보면

3그룹

来(く)る 오다 → 来(く)れば 오면

する 하다 → すれば 하면

• **い형용사~~い~~+ければ**

大(おお)きい 크다 → 大(おお)き~~い~~+ければ → 大(おお)きければ 크면

若(わか)い 젊다 → 若(わか)~~い~~+ければ → 若(わか)ければ 젊으면

<주의> いい(良(よ)い) 좋다 → 良(よ)ければ (×いければ) 좋으면

[な형용사와 명사]

원래는 명사와 な형용사에서는 ば 대신에 ならば를 사용하였는데, 현대 일본어에서는 거의 쓰이지 않게 되었다. 현대 일본어에서는 ば 대신에 なら를 사용한다.

- **な형용사+なら**

静か 조용하다 → 静か+なら→ 静かなら 조용하면

元気 건강하다 → 元気+なら→ 元気なら 건강하면

- **명사+なら**

学校 학교 → 学校+なら→ 学校なら 학교라면

> Tip 「~ば」 문장은 보통 「~たら」로 치환이 가능하다.

① 見たら分かります。 보면 압니다.

② A : きっぷを買いたいんですけど。 표를 사고 싶은데요.
   B : 青いボタンを押したら出てきますよ。 파란 버튼을 누르면 나옵니다.

③ A : ずいぶん静かですね。 매우 조용하네요
   B : 夕方になったら、にぎやかになりますよ。 저녁이 되면, 떠들썩 해 져요.

Clip_02 「~たい」, 조건 표현 「~なら」

➲ 학습 내용 ─────────────────────

1. 문형 61 ~たい　~하고 싶다.
2. 문형 62 ~なら　~하면

1 문형 61 ~たい ~하고 싶다.

① デジタルカメラを買いたいです。 다지털카메라를 사고 싶습니다.

② 実際に見て選びたいです。 실제로 보고 고르고 싶습니다.

단어   デジタルカメラ   디지털카메라   実際   실제

選ぶ   [동1] 고르다, 선택하다

❊ ~たい ~하고 싶다.

- 동사의 ます형 +たい

1그룹

① 行く 가다

→ 行きたい 가고 싶다 / 行きたいです 가고 싶습니다

② 休む 쉬다

→ 休みたい 쉬고 싶다 / 休みたいです 쉬고 싶습니다

③ 会う 만나다

→ 会いたい 만나고 싶다 / 会いたいです 만나고 싶습니다.

2그룹

① 寝る 자다

→ 寝たい 자고 싶다 / 寝たいです 자고 싶습니다.

② 見る 보다

→ 見たい 보고 싶다 / 見たいです 보고 싶습니다

3그룹

① する 하다

→ したい 하고 싶다 / したいです 하고 싶습니다

② 来る 오다

→ 来たい 오고 싶다 / 来たいです 오고 싶습니다

---

2 문형 62 ～なら ～하면

① A：夏休みに京都に行くんです。여름방학에 교토에 갑니다.

B：京都に泊まるなら旅館がいいですよ。

교토에 묵는다면 료칸이 좋습니다.

② A：日本語を勉強したいんですが。일본어를 공부하고 싶은데요.

B：日本語の勉強ならこの本がいいですよ。

일본어공부라면 이 책이 좋아요

③ A：朝から頭が痛いんです。아침부터 머리가 아파요

B：体調が悪いなら、帰ってもいいですよ。

몸이 불편하면, 돌아가도 괜찮아요.

단어 泊まる [동1] 숙박하다, 묵다 旅館 여관

頭が痛い 머리가 아프다 体調が悪い 몸 상태가 나쁘다, 컨디션이 나쁘다

✳ ～なら

「なら」는 확정된 전제조건(상대방의 발언이나 상태, 내가 가정한 내용)에 근거하여 자신의 생각이나 의견, 조언, 판단 등을 말할 경우에 사용한다.

• 安く買うなら、オンラインショップがいいですよ。

저렴하게 산다면 온라인 숍이 좋아요.

• 実際に見て選びたいなら、秋葉原に行ったらいいですよ。

실제로 보고 고르고 싶으면 아키하바라에 가면 좋아요.

단어 安い [い형] 저렴하다, 싸다 オンラインショップ 온라인 숍

秋葉原 아키하바라

✿ 「〜なら」 만드는 법

* 현재형, 과거형 모두 접속할 수 있다.

• 동사의 보통형＋なら

行く	＋なら	간다면
行かない		안 간다면
行った		갔다면
行かなかった		안 갔다면

• い형용사＋なら

暑い	＋なら	덥다면
暑くない		덥지 않다면
暑かった		더웠다면
暑くなかった		덥지 않았다면
いい	＋なら	좋다면
良くない		좋지 않다면
良かった		좋았다면
良くなかった		좋지 않았다면

• な형용사＋なら

静か	＋なら	조용하다면
静かではない		조용하지 않다면
静かだった		조용했다면
静かではなかった		조용하지 않았다면

• 명사＋なら

学生	＋なら	학생이라면

学生<ruby>がくせい</ruby>ではない	학생이 아니라면
学生<ruby>がくせい</ruby>だった	학생이었다면
学生<ruby>がくせい</ruby>ではなかった	학생이 아니었다면

Clip_03 가능 표현

⊃ 학습 내용

1. 문형 63 가능표현 ～할 수 있다
2. 문형 64 ～たら+가능표현 ～하면 ～할 수 있다.

① 문형 63 가능표현 ～할 수 있다

① 日本語が話せます。일본어를 말할 수 있습니다.
② 図書館で本を3冊まで借りられます。
   도서관에서 책을 3권까지 빌릴 수 있습니다.
③ A : きっぷは、どこで買えますか。표는 어디서 살 수 있어요?
   B : 駅の窓口で買えますよ。역의 창구에서 살 수 있어요.

단어 冊 ~권   窓口 창구

✴ **가능 표현**

1그룹 : 어미를 「え」단으로 바꾸고 「る」를 붙인다.

会う 만나다 → 会える 만날 수 있다.

① 書く 쓰다
   → 書ける 쓸 수 있다 /書けます 쓸 수 있습니다.
② 話す 말하다
   → 話せる 말할 수 있다 /話せます 말할 수 있습니다.

③ 飲む 마시다

　　→ 飲める 마실 수 있다 /飲めます마실 수 있습니다.

④ もらう 받다

　　→ もらえる 받을 수 있다 /もらえます받을 수 있습니다.

Tip 分かる 알다, 이해하다

「分かる 알다, 이해하다」에는 이미 가능의 의미가 함축되어 있으므로 가능형으로 쓰지 않는다.

　• 日本語が分かる。 일본어를 알다.

2그룹 : 어미 「る」를 떼고, 「られる」를 붙인다.
見る 보다 → 見られる 볼 수 있다.

① 食べる 먹다

　　→ 食べられる 먹을 수 있다 /食べられます먹을 수 있습니다.

② 借りる 빌리다

　　→ 借りられる 빌릴 수 있다 /借りられます빌릴 수 있습니다

③ あげる 주다

　　→ あげられる 줄 수 있다 /あげられます줄 수 있습니다.

3그룹 :

① する 하다

　　→ できる 할 수 있다

② 来る 오다

　　→ 来られる올 수 있다

Tip 가능동사는 **2그룹** 동사의 활용을 한다.

会える　만날 수 있다

- ます형 :　会えます　만날 수 있습니다.
- ない형 :　会えない　만날 수 없다.
- て형　 :　会えて　만날 수 있어서

Tip 「ら」ぬきことば (ら생략어형)

2그룹과 「来る오다」의 가능형에서 「ら」를 생략하는 경향을 「ら抜きことば」(ら생략어형)

이라고 부른다.　일반적으로 일상회화에서는 「ら抜きことば」를 사용한다.

- 見られる　볼 수 있다. →　見れる
  　　　　　　　　　　　　　　見れます
- 来られる　올 수 있다. →　来れる
  　　　　　　　　　　　　　　来れます

2 문형 64 ～たら+가능표현　～하면 ～할 수 있다.

① メキシコ料理が食べたいんですが、どこに行ったら食べられますか。
　 멕시코 요리를 먹고 싶은데요, 어디에 가면 먹을 수 있습니까?
② イテウォンへ行ったら、いろいろな国の料理が食べられますよ。
　 이태원에 가면 여러가지 나라의 요리를 먹을 수 있습니다.

단어　メキシコ料理　멕시코 요리　　　　　イテウォン　이태원

　　　いろいろ　여러 가지　　　　　　　国　나라

❋ ～たら+가능표현　～하면 ～할 수 있다.

- 今すぐお店に行ったら買えます。 지금 바로 가게에 가면 살 수 있어요.

• 今すぐお店に行かなかったら買えません。지금 바로 가게에 가지 않으면 살 수 없어요.

A : 何時に行ったら田中さんに会えますか。몇 시에 가면 다나카 씨를 만날 수 있어요?

B : 3時ごろ来たら会えますよ。3시쯤 오면 만날 수 있어요.

A : どこに行ったらもらえますか。어디에 가면 받을 수 있어요?

B : 受付に行ったらもらえます。접수처에 가면 받을 수 있어요.

단어	すぐ	바로	～ごろ	~쯤
	受付	접수처		

1) 문형 59 ～たら ～하면

① 夏休みに行ったらどうですか。 여름 방학에 가면 어때요?

② 都合が悪かったら、また今度でいいですよ。 형편이 안 좋으면 다음으로 미루어도 되요

③ ひまだったら、遊びに来てください。 한가하면 놀러 와 주세요.

> **단어** 夏休み 여름 방학
>
> 都合が悪い 형편이 안 좋다, 상황이 안 좋다, 다른 볼 일이 있다, 바쁘다
>
> また今度 다음 번에, 다음에

2) 문형 60 ～ば ～하면

① 今入会すればプレゼントがもらえますよ。 지금 가입하면 선물을 받을 수 있어요.

② 明日になれば新商品が入りますよ。 내일이 되면 신상품이 들어와요.

③ A : すずきさんの連絡先を知りたいんですが、誰に聞けばいいですか。

　　스즈키씨의 연락처를 알고 싶은데요, 누구에게 물으면 되나요?

　 B : 田中さんに聞けばすずきさんの連絡先が分かりますよ。

　　다나카씨에게 물으면 스즈키씨의 연락처를 알 수 있어요

> **단어** 入会 가입　　　　　　　　　　新商品 신상품
>
> 連絡先 연락처　　　　　　　　　知る [동1] 알다

3) 문형 61 ～たい ～하고 싶다.

① 日本語がうまくなりたいです。 일본어를 잘하게 되고 싶습니다.

② 日本の温泉に行きたいです。 일본 온천에 가고 싶습니다.

③ 日本人の友達を作りたいです。 일본인 친구를 만들고 싶습니다.

> **단어** うまい [い형] 잘하다, 솜씨가 뛰어나다 (=上手)　　温泉 온천

4) 문형 62 ~なら ~하면

① 日本語がうまくなりたいなら、日本人の友達を作ったらいいですよ。

　　일본어를 잘하게 되고 싶으면 일본인 친구를 만들면 좋아요.

② 日本の温泉に行きたいなら、九州がいいですよ。

　　일본 온천에 가고 싶으면 규슈가 좋아요.

③ 日本人の友達を作りたいなら、交流会に行ったらいいですよ。

　　일본인 친구를 만들고 싶으면 교류회에 가면 좋아요.

> **단어**　うまくなる　잘하게 되다 (うまい+~くなる)　交流会　교류회

5) 문형 63 가능표현 (~할 수 있다)

① 今ならクーポンがもらえます。지금이면 쿠폰을 받을 수 있습니다.

② 私は漢字が読めません。저는 한자를 읽을 수 없습니다.

③ 明日は仕事が休めません。내일은 일을 쉴 수 없습니다.

> **단어**　クーポン　쿠폰

6) 문형 64 ~たら+가능표현 ~하면 ~할 수 있다.

① 日本語だったら読めます。일본어라면 읽을 수 있습니다.

② 雨が降ったら行けません。비가 오면 갈 수 없습니다.

③ 家に誰かいたら頼めます。집에 누가 있으면 부탁할 수 있습니다.

> **단어**　誰か　누군가가　　頼む　[동1] 부탁하다

① お客さんが来たら、どうすればいいんですか。　손님이 오면, 어떻게 하면 좋을까요?

　➡ _____

② 安く買うなら、オンラインショップがいいですよ。

　저렴하게 산다면 온라인 숍이 좋아요.

　➡ _____

③ おさしみは食べられますか。　　　　　회는 먹을 수 있습니까?

　➡ _____

④ 青いボタンを押せば出てきますよ。　　파란 버튼을 누르면 나옵니다.

　➡ _____

⑤ 日本の温泉に行きたいです。　　　　　일본 온천에 가고 싶습니다.

　➡ _____

⑥ どこに行ったらもらえますか。　　　　어디에 가면 받을 수 있어요?

　➡ _____

제 10 과

せんせい
先生にほめられました。

선생님에게 칭찬 받았습니다.

단어　　ほめる　[동2] 칭찬하다

Clip_01　수동표현

➡ 학습 내용 ───────────────────────

　1. 문형 65 –(ら)れます　～당합니다

---

①　**문형 65**　～(ら)れます　～당합니다

① ちょっと行ってきます。部長に呼ばれたんです。

　　잠깐 다녀오겠습니다. 부장님에게 부름을 당했습니다. (부장님이 불렀습니다)

② 昨日バーへ行ったら、としを聞かれました。

　　어제 바(Bar)에 갔더니, 나이를 질문 받았습니다.

③ 無断駐車して罰金を取られました。

　　무단주차해서 벌금을 징수당했습니다.

④ 地下鉄で足をふまれました。 지하철에서 발을 밟혔습니다.

⑤ 夜中に子供に泣かれて、ぐっすり眠れませんでした。

　　한밤중에 아이가 울어서, 푹 잘 수 없었습니다.

⑥ 外がうるさくて5時に起こされました。

　　밖이 시끄러워서 5시에 잠이 깼습니다.

部長	부장님	呼ぶ	[동1] 부르다 →수동형: 呼ばれる
バー	바(Bar)	とし	나이
無断駐車	무단주차	罰金	벌금
取る	[동1] 잡다 → 수동형: 取られる	足	발
ふむ	[동1] 밟다 → 수동형: ふまれる	夜中	한밤중
泣く	[동1] 울다 → 수동형: 泣かれる	ぐっすり	푹
眠る	[동1] 자다	うるさい	[い형] 시끄럽다
起こす	[동1] 깨우다 → 수동형: 起こされる		

❀ 수동 受身 표현

어떤 일에 대해 <행위를 행하는 사람>과 <행위를 받는 사람> 중 어느 쪽 입장으로 취하는 가에 따라 표현이 달라지는데 이것을 「수동태(受動態)」라고 한다. 일본어의 수동태 「수동(受身)」과 「사역(使役)」, 「사역수동 使役受身」을 학습한다.

Tip 한국어로 해석하기 어려운 수동태

일본어 수동태는 한국어에서 거의 쓰지 않는 표현들이 많기 때문에 직역하면 대부분 어색한 표현이 된다. 그러기 때문에 한국어 해석에서 어떤 차이가 있는지 찾으려고 하지 말고, 일본어의 표현 방식에 더 집중하기 바란다.

❀ 수동 受身 표현

<행위를 받는 사람>을 주어로 하는 표현을 수동표현(受身表現)이라고 한다. 다음과 같이 '누가 누구누구한테 어떤 것을 당하다.'라는 표현이다. 이 때 동사는 수동형으로 바꿔야 한다.

- 私は先生にほめられました。 저는 선생님한테 칭찬 받았습니다.

- 私は先生に叱られました。 저는 선생님한테 혼났습니다.

ほめる	ほめられる	ほめられます	ほめられました
칭찬하다.	칭찬받다.	칭찬 받습니다.	칭찬 받았습니다.
叱る	叱られる	叱られます	叱られました
혼내다.	혼나다.	혼납니다.	혼났습니다.

✿ 동사의 수동형

[1그룹]
1그룹 동사는 어미를 「あ」단으로 바꾸고, 「れる」를 붙인다.

① 読む 읽다
　　→ 読まれる
② 切る 자르다
　　→ 切られる
③ 飲む 마시다
　　→ 飲まれる
④ 叱る 혼내다
　　→ 叱られる

> Tip 어미가 「う」인 경우, 「あ」가 아닌 「わ」로 바꾸고 「れる」를 붙인다.
>
> 　買う 사다 → 買われる　(×買あれる)
>
> 　さそう 권(유)하다 → さそわれる　(×さそあれる)

[2그룹]
2그룹 동사는 어미 「る」를 떼고, 「られる」를 붙인다.

① 食べる 먹다
　　→ 食べられる
② 止める 멈추다
　　→ 止められる
③ ほめる 칭찬하다
　　→ ほめられる

[3그룹]

① する 하다
　　→ される

② 来る 오다

→ 来られる

Tip 수동형 동사는 **2그룹** 동사와 같은 활용을 한다.

書く → 書かれる

ます형 : 書かれます

ない형 : 書かれない

て형　 : 書かれて

Clip_02　사역표현

⊃ 학습 내용 ─────────────────────

1. 문형 66 〜(さ)せます　〜시킵니다, 〜하게 합니다

────────────────────────

① 문형 66 〜(さ)せます　〜시킵니다, 〜하게 합니다

① 子供に薬を飲ませました。 아이에게 약을 먹게 했습니다.

② 夫に部屋のそうじをさせました。 남편에게 방청소를 시켰습니다.

③ 兄に車で友達を迎えに行かせました。

형에게 차로 친구를 데리러 가게 했습니다

단어　薬 아이　　　　　　　　　　　　夫 남편

❋ 사역 使役 표현

「사역 使役」이란 남에게 무엇인가를 '시키다, 하게하다'라는 뜻이다. 사역 표현이란 시키는 사람이 주어가 되어, 다음과 같이 '누가 누구누구한테 어떤 것을 시키다.' 라는 표현이다. 이 때 동사는 사역형으로 바꿔야 한다.

・先生は学生を立たせました。 선생님은 학생을 일어서게 했습니다.

・先生は学生を座らせました。 선생님은 학생을 앉게 했습니다.

立つ	立たせる	立たせます	立たせました
일어서다.	일어서게 하다.	일어서게 합니다.	일어서게 했습니다.
座る	座らせる	座らせます	座らせました
앉다	앉게 하다.	앉게 합니다.	앉게 했습니다.

✽ 동사의 사역형

[1그룹]
1그룹 동사는 어미를 「あ」단으로 바꾸고, 「せる」를 붙인다.

① 読む 읽다

→ 読ませる 읽게 하다

② 待つ 기다리다

→ 待たせる 기다리게 하다

③ 飲む 마시다

→飲ませる 마시게 하다

Tip 어미가 「う」인 경우, 「あ」가 아닌 「わ」로 바꾸고 「せる」를 붙인다.

買う 사다
→買わせる 사게 하다

手伝う 도와주다
→手伝わせる 도와주게 하다

[2그룹]
2그룹 동사는 어미 「る」를 떼고, 「させる」를 붙인다.

① 開ける 열다

→ 開けさせる 열게 하다

② 着る 입다

→ 着させる 입게 하다

[3그룹]

① する 하다

→ させる 하게 하다/시키다

② 来る 오다

→ 来させる 오게 하다

Tip 사역형 동사는 **2그룹** 동사와 같은 활용을 한다.

書く → 書かせる

ます형 : 書かせます

ない형 : 書かせない

て형 : 書かせて

Clip_03 사역수동 표현

⌘ 학습 내용 ──────────────────────────
1. 문형 67 ~させられます 어쩔 수 없이 ~하게 됩니다
──────────────────────────

1 문형 67 ~させられます 어쩔 수 없이 ~하게 됩니다

① チケットを買わされました。 티켓을 억지로 사게 되었습니다.
② 1時間も待たされました。
1시간이나 기다리게 되었습니다. (기다림을 당했습니다.)
③ 妻に家のそうじをさせられました。 아내가 청소를 하게 했습니다.
(아내로부터 청소 시킴을 당했습니다)

④ 友達にレポートを手伝わされました。

친구의 부탁으로 리포트를 도와주게 되었습니다.

⑤ 課長に朝6時に来させられました。

과장님이 아침 6시에 오라고 해서 어쩔 수 없이 왔습니다.

단어			
チケット	티켓	妻	아내
レポート	리포트	課長	과장님

✳ 사역수동 使役受身 표현

「사역수동 使役受身」이란 「사역 使役」과 「수동 受身」을 결합시킨 표현으로, 직역하면 '시킴을 당하다'라는 뜻이다.

사역 + 수동 ⇒ 사역수동
'시키다'   '당하다'   '시킴을 당하다'

시킴을 당한 사람이 주어가 되어, '명령,지시 등을 받아 어쩔 수 없이~하다'라는 뜻이다. 즉, 스스로의 의지가 아닌, 다른 사람에게 강제로 당한 동작, 또는 결과적으로 그렇게 되어 버린 경우에 사용하는 표현이다.

田中さんは 私を 1時間も 待たせた。

다나카 씨는 나를 1시간이나 기다리게 했다. (사역)

↓

私は 田中さんに 1時間も 待たされた。

나는 다나카 씨를 1시간이나 (어쩔 수 없이) 기다리게 되었다. (사역수동)

[1그룹]

1그룹 동사는 어미를 「あ」단으로 바꾸고, 「される」를 붙인다.

하지만 어미가 「す」인 경우는 「さ」로 바꾸고, 「せられる」를 붙인다.

① 読む 읽다

→ 読まされる (어쩔 수 없이) 읽게 되다

② 待つ 기다리다

    → 待たされる (어쩔 수 없이)기다리게 되다

③ 書く 쓰다

    → 書かされる (어쩔 수 없이)쓰게 되다

④ 消す 지우다

    → 消させられる (억지로) 지우다

⑤ 出す 내다

    → 出させられる (억지로) 내다)

Tip 어미가 「う」인 경우, 「あ」가 아닌 「わ」로 바꾸고 「せる」를 붙인다.

    買う 사다

    → 買わされる (어쩔 수 없이)사게 되다

    手伝う 도와주다

    →手伝わされる (어쩔 수 없이)도와주게 되다

[2グループ]

2그룹 동사는 어미 「る」를 떼고, 「させられる」를 붙인다.

① 食べる 먹다

    → 食べさせられる (어쩔 수 없이)먹게 되다

② 見る 보다

    → 見させられる (어쩔 수 없이)보게 되다

[3グループ]

① する 하다
    → させられる 시킴을 당하다

② 来る 오다

    → 来させられる 오게 되다

* 사역수동형은 동사의 **2그룹**과 같은 활용을 한다.

書く → 書かされる　(억지로)쓰다

ます형 : 書かされます

ない형 : 書かされない

て형　 : 書かされて

문형패턴연습

1) 문형 65 ～(ら)れます ～당합니다 (수동)

① 母に買い物を頼まれました。엄마에게 장보기를 부탁 받았다.

② パーティーに招待されました。파티에 초대 받았습니다.

③ 私の作品が優秀賞に選ばれました。나의 작품이 우수상으로 뽑혔습니다.

단어

買い物　장보기, 쇼핑　　　　　　頼む　[동1] 부탁하다

パーティー　파티　　　　　　　　招待する　[동3] 초대하다

作品　작품　　　　　　　　　　　優秀賞　우수상

選ぶ　[동1] 고르다, 뽑다

2) 문형 66 ～(さ)せます ～시킵니다, ～하게 합니다 (사역)

① 友達を先に行かせました。친구를 먼저 가게 했습니다.

② みんなを笑わせました。모두를 웃게 했습니다. (웃게 만들었습니다.)

③ 朝、子供にかさを持たせました。아침에 아이에게 우산을 들고 가게 했습니다.

단어

先に　먼저　　　　　　　　　　　みんな　모두

笑う　[동1] 웃다

3) 문형 67 ～させられます 어쩔 수 없이 ～하게 됩니다 (사역수동)

① 兄によく泣かされました。형이 자주 울렸습니다.

② 母に急がされました。엄마가 서두르게 했습니다.

③ 早く来させられました。어쩔 수 없이 일찍 오게 되었습니다.

단어

兄　형, 오빠　　　　　　　　　　よく　자주

急ぐ　[동1] 서두르다　　　　　　早く　일찍

① 先生(せんせい)にほめられました。　　　　　선생님에게 칭찬 받았습니다.

➡ _____

② 弟(おとうと)にかさを持(も)ってこさせます。

남동생에게 우산을 가지고 오라고 시킵니다.

➡ _____

③ このままだと会社(かいしゃ)を辞(や)めさせられるかもしれません。

이대로라면 회사를 짤릴지도 모릅니다.

➡ _____

단어		
弟(おとうと) 남동생	持(も)ってくる [동3] 가지고 오다	
このままだと 이대로라면	辞(や)める [동2] 그만두다	
~かもしれません ~일지도 모릅니다.		

전화로 숙소를 예약하기

직원: はい、京ホテルで ございます。
네, 교호텔입니다.

손님: あの、宿の予約を お願いしたいんですけど。
저기, 방을 예약하고 싶은데요.

직원: はい、ありがとうございます。では、お名前とご宿泊の日にちを承(うけたまわ)ります。
네, 감사합니다. 그럼 이름과 숙박 날짜를 말씀해주세요.

손님: ○○○と もうします。宿泊は 来月の２０、２１です。
○○입니다. 숙박은 다음 달 20, 21일입니다.

직원: ５月２０日の金曜日と２１日土曜日のご利用でよろしいでしょうか。
5월 20일 금요일과 21일 토요일 이용으로 괜찮으신가요?

손님: はい、そうです。
네 그렇습니다.

직원: かしこまりました。恐れ入りますが、何名様のご利用でしょうか。
알겠습니다. 죄송하지만, 몇 분이신가요?

손님: 二人です。
두 명입니다.

직원: お二人様のご利用ですね。ご一泊でよろしいでしょうか。
두 분이 이용하시는군요. 1박으로 괜찮으신가요?

손님: はい、そうです。
네 그렇습니다

직원: ただいまお調べいたしますので、少々お待ちくださいませ。
지금 알아보겠습니다. 잠시 기다려 주세요.

손님: はい。
네.

직원: もしもし。お待たせいたしました。
여보세요. 오래 기다리셨습니다.
５月２０日、お二人様ということで、ダブルルームとツインルームの空きが
ございますが、どちらにいたしましょうか。
5월 20일, 두 분으로, 더블룸과 트윈룸이 있는데요, 어느 쪽으로 해 드릴까요?

손님: じゃあ、ダブルルームで　お願いします。
그럼 더블룸으로 부탁합니다.

직원: かしこまりました。恐れ入りますが、お電話番号をお願いいたします。
알겠습니다. 죄송하지만 전화번호 불러 주세요.

손님: ０３－１２３－４５６７です。
03-123-4567입니다.

직원: 繰り返させていただきます。０３－１２３－４５６７でございますね。
전화번호 확인하겠습니다. 03-123-4567이시죠?

손님: はい。
네.

직원: ５月２０日ダブルルームご一泊のご利用でお受けいたしました。
5월 20일 더블룸 1박 이용을 접수하였습니다.
チェックインは３時からとなっております。お気をつけてお越しくださいませ。
체크인은 3시부터입니다. 조심해서 오세요.

MEMO

제

11

과

日本で働こうと思っています。
일본에서 일하려고 생각하고 있습니다.

Clip_01 의지표현 : ～ようと思っています

🔵 학습 내용

1. 문형 68 ～ようと思っています　～하려고 생각하고 있습니다.

---

1 | 문형 68 | ～(よ)うと思っています　～하려고 생각하고 있습니다.

① A : 明日は、何するんですか。내일은, 무엇을 해요?

B : 明日は友達と映画を見に行こうと思っています。

내일은 친구와 영화를 보러 가려고 생각하고 있습니다.

② A : 仕事の後、予定ありますか。일 끝난 후, 예정 있습니까?

B : 今夜は同りょうたちと一杯やろうと思っています。

오늘 밤은 동료들과 한잔하려고 생각하고 있습니다.

단어

思う [동1] 생각하다 (*Step up 참고)　　　　　～の後　～후

予定　예정　　　　　　　　　　　　　　　今夜　오늘 밤

同りょう　동료　　　　　　　　　　　　　一杯やる [동1] 한잔 하다

🌸 ～(よ)うと思っています　～하려고 생각하고 있습니다.

「～(よ)うと思っています」는 나의 앞으로의 계획을 말할 때 쓰는 표현이다.

「~と思っています」는 '~라고 생각하고 있습니다.' 라는 뜻인데 이 앞에 「동사+(よ)う」를 붙이면 '~하려고 생각하고 있습니다.'라는 뜻이 된다.

「동사+(よ)う」는 "~하자"라는 뜻이고, 동사 그룹에 따라 활용방법이 달라진다.

예) 卒業したら、日本で働こうと思っています。

　　졸업하면 일본에서 일하려고 생각하고 있습니다.

　　・働く[동1] 일하다　→　働こう＋と思っています

✽ ~(よ)う 만드는 법

[1그룹]

1그룹 동사는 어미를 「お」단으로 바꾸고, 「う」를 붙인다.

　　① 読む 읽다　　→　読もう 읽자

　　② 待つ 기다리다　→　待とう 기다리자

　　③ 飲む 마시다　　→　飲もう 마시자

[2그룹]

2그룹 동사는 어미 「る」를 떼고, 「よう」를 붙인다.

　　① 食べる 먹다　　→　食べよう 먹자

　　② 見る 보다　　　→　見よう 보자

[3그룹]

　　① する 하다　　→　しよう 하자

　　② 来る 오다　　→　来よう 오자

　　・A：いつからダイエット始めるんですか。언제부터 다이어트 시작하는 거예요?

　　　B：明日から始めようと思っています。내일부터 시작하려고 생각하고 있습니다.

　　・A：この本、読み終わったら貸しましょうか？이 책, 다 읽으면 빌려 드릴까요?

　　　B：いえ、大丈夫です。図書館で借りようと思っています。

　　　　아니, 괜찮아요. 도서관에서 빌리려고 생각하고 있습니다.

단어	いつから 언제부터	ダイエット 다이어트
	始める [동2] 시작하다	読み終わる [동1] 다 읽다

Clip_02　예측표현: ～そうです

➲ 학습 내용 ───────────────────────────────

1. 문형 69 동사 ます형+そうです　～(할) 것 같습니다.
2. 문형 70 형용사+そうです　～(할) 것 같습니다.

---

①　**문형 69** 동사 ます형+そうです　～(할) 것 같습니다.

① 雨が降りそうです。비가 올 것 같습니다.

② もうすぐ着きそうです。이제 곧 도착할 것 같습니다.

③ ちょっと遅れそうです。조금 늦을 것 같습니다.

단어	もうすぐ 이제 곧	着く [동1] 도착하다
	遅れる [동2] 늦다	

✽ 동사 ます형+そうです ～(할) 것 같습니다.

어떤 상황을 보고 나의 판단, 추측, 예감 등을 나타내는 표현이다.

降る　→　降り+ます　→　降り+そうです

着く　→　着き+ます　→　着き+そうです

遅れる　→　遅れ+ます　→　遅れ+そうです

する　→　し+ます　→　し+そうです

来る　→　来+ます　→　来+そうです

・そろそろ郵便が来そうです。이제 곧 우편물이 올 것 같아요.

・もう少し頑張れば合格しそうです。조금 만 더 열심히 하면 합격할 것 같아요.

• 仕事、終わりそうですか。良かったら、手伝いましょうか。

일 끝날 것 같아요? 괜찮으면, 도와 드릴까요?

단어			
そろそろ	슬슬	郵便	우편물
頑張る	[동1] 열심히 하다, 힘내다	合格する	[동3] 합격하다
良かったら~	괜찮으면~		

② **문형 70** 형용사+そうです ～(할) 것 같습니다.

① このケーキ、甘そうですね。이 케익 달 것 같네요.

② 今日は暑そうですね。오늘은 더울 것 같네요.

③ その仕事、大変そうですね。그 일, 힘들 것 같네요

단어	ケーキ	케익	甘い	[い형] 달다

❀ 형용사+そうです ～(할) 것 같습니다.

외관의 인상으로부터 그것의 성질을 짐작하는 표현이다.

• い형용사い+そうです

辛い → 辛い+そうです → 辛そうです 매울 것 같습니다

寒い → 寒い+そうです → 寒そうです 추울 것 같습니다

• な형용사+そうです

ひま → ひまそうです 한가할 것 같습니다

元気 → 元気そうです 건강할 것 같습니다

Tip 응답 표현

A : このケーキ甘そうですね。이 케익 달 것 같네요.

B : そうですね。그렇네요.

⊃ 학습 내용 ─────────────────────────────

1. 문형 71 동사 보통형 + ようです ～인 것 같습니다. ～인 듯합니다.
2. 문형 72 형용사+ようです ～인 것 같습니다. ～인 듯합니다.
3. 문형 73 명사+の+ようです ～인 것 같습니다. ～인 듯합니다.

---

① **문형 71** 동사 보통형 +ようです ～인 것 같습니다. ～인 듯합니다.

① もう少し時間がかかるようです。 조금 더 시간이 걸릴 것 같습니다.

② 木村さんは電車で帰るようです。

기무라씨는 전철로 돌아가는 것 같습니다.

③ さとうさんはお酒を飲まないようです。

사토-씨는 술을 마시지 않는 것 같습니다.

단어 時間がかかる [동1] 시간이 걸리다

✿ **～ようです ～인 것 같습니다. ～인 듯합니다.**

주관적인 판단을 기준으로 내리는 추측 표현. 상황, 상태에 대한 자신의 느낌이나 관찰에 의한 추측을 나타내는 표현이다.

✿ **동사 보통형 + ようです ～인 것 같습니다. ～인 듯합니다.**

行く → 行くようです 가는 것 같습니다.

見る → 見るようです 보는 것 같습니다.

する → するようです 하는 것 같습니다.

来る → 来るようです 오는 것 같습니다.

Tip 부정형, 과거형

行く: 行かない   → 行かないようです   가지 않는 것 같습니다.

行った　　　→　行ったようです　　　　간 것 같습니다.

行かなかった　→　行かなかったようです　가지 않았던 것 같습니다.

2 문형 72 형용사+ようです　~인 것 같습니다. ~인 듯합니다.
① 田中さん朝から調子が悪いようです。

다나카 씨는 아침부터 컨디션이 나쁜 것 같습니다.
② 朴さんは日本の歌が好きなようです。

박 씨는 일본노래를 좋아하는 것 같습니다.

단어　調子が悪い　[い형] 상태가 나쁘다, 컨디션이 나쁘다　　歌 노래

❀ 형용사+ようです　~인 것 같습니다. ~인 듯합니다.

• い형용사+ようです

暑い　→　暑いようです 더운 것 같습니다.

寒い　→　寒いようです 추운 것 같습니다.

Tip 부정형, 과거형

暑い：　暑くない　→　暑くないようです 덥지 않은 것 같습니다

暑かった　→　暑かったようです 더웠던 것 같습니다

暑くなかった　→　暑くなかったようです 덥지 않았던 것 같습니다

• な형용사+な+ようです

ひま　→　ひまなようです 한가한 것 같습니다.

大変　→　大変なようです 힘든 것 같습니다.

Tip 부정형, 과거형

ひま：　ひまではない　→　ひまではないようです　한가하지 않은 것 같습니다.

ひまだった　→　ひまだったようです 한가했던 것 같습니다.

ひまではなかった　→　ひまではなかったようです

한가하지 않았던 것 같습니다.

③

명사+の+ようです ~인 것 같습니다. ~인 듯합니다.

① 図書館は明日は休みのようです。 도서관은 내일은 휴일인 것 같습니다.

② 田中さんは明日、面接のようです。

다나카씨는 내일, 면접인 것 같습니다.

③ あの方が部長の奥さんのようです。

저 분이 부장님의 부인인 것 같습니다.

단어　面接 면접　　　　　　　　　　　奥さん 부인

✿ 명사+の+ようです ~인 것 같습니다. ~인 듯합니다.

• 明日 → 明日のようです 내일인 것 같습니다.

• 学生 → 学生のようです 학생인 것 같습니다.

Tip 부정형, 과거형

明日 : 明日ではない → 明日ではないようです 내일이 아닌 것 같습니다

明日だった → 明日だったようです 내일이었던 것 같습니다

明日ではなかった → 明日ではなかったようです 내일이 아니었던 것 같습니다

문형패턴연습

1) 문형 68 〜(よ)うと思っています 〜하려고 생각하고 있습니다.

① 今日は、部屋のそうじをしようと思っています。

　오늘은, 방청소를 하려고 생각하고 있습니다.

② 明日友達を家に連れて来ようと思っています。

　내일 친구를 집에 데리고 오려고 생각하고 있습니다.

③ 今日は久しぶりに友達と夕食を食べようと思っています。

　오늘은 오랜만에 친구와 저녁을 먹으려고 생각하고 있습니다.

> **단어**　連れて来る　데리고 오다

2) 문형 69 동사 ます형+そうです 〜(할) 것 같습니다.

① (슈퍼에서)

　A : コチュジャンがほしいんですよ。 고추장을 사고 싶어요.

　B : ここならありそうですよ。 여기라면 있을 것 같아요.

② A : ビール何本いりますか。 맥주 몇 병 필요하세요?

　B : 10本あれば足りそうです。 10병이면 충분할 것 같아요.

③ もうすぐ終わりそうです。 이제 곧 끝날 것 같습니다.

> **단어**
> | | | | |
> |---|---|---|---|
> | コチュジャン | 고추장 | ほしい | 갖고 싶다. |
> | ある | [동1] (물건이) 있다 | ビール | 맥주 |
> | 何本 | 몇 병, 몇 자루 | いる | [동1] 필요하다 |
> | 足りる | [동2] 족하다, 충분하다 | | |

3) 문형 70 형용사+そうです 〜(할) 것 같습니다.

① おいしそうですね。 맛있을 것 같네요.

② 最近、忙しそうですね。 요즘, 바쁜 것 같네요

③ 田中さん、幸せそうですね。 다나카 씨, 행복한 것 같네요.

단어 　幸せ [な형] 행복하다

4) 문형 71 동사 보통형 +ようです ~인 것 같습니다. ~인 듯합니다.

① このお店は夜8時に閉まるようです。 이 가게는 밤8시에 닫히는 것 같습니다.

② さとうさんは、10分ぐらい遅れるようです。 사토 씨는 10분정도 늦는 것 같습니다.

③ 彼は来月から東京に行くようです。 그는 다음 달부터 도쿄에 가는 것 같습니다.

단어 　閉まる [동1] 닫히다 ── 閉める [동2] 닫다

5) 문형 72 형용사+ようです ~인 것 같습니다. ~인 듯합니다.

① 駅まで遠いようです。 역까지 먼 것 같습니다.

② むすこは日本のおかしがめずらしいようです。 아들은 일본 과자가 신기한 것 같습니다.

③ 木村さんは子供のことが心配なようです。 기무라 씨는 아이가 걱정인 것 같습니다.

단어 　むすこ 아들 　　　　　　　　おかし 과자
　　　　めずらしい [い형] 신기하다, 드물다 　　~のこと ~의 일

6) 문형73 명사+の+ようです ~인 것 같습니다. ~인 듯합니다.

① 彼はまるで日本人のようです。 그는 마치 일본 사람인 것 같습니다.

② まるでホテルのようです。 마치 호텔인 것 같습니다.

③ まるで冬のようです。 마치 겨울인 것 같습니다.

단어 　まるで 마치 　　　　　　　　ホテル 호텔
　　　　冬 겨울

① 日本で働こうと思っています。　　　　　일본에서 일하려고 생각하고 있습니다.

　➡ _____

② 雨が降りそうです。　　　　　　　　　　비가 올 것 같습니다.

　➡ _____

③ おいしそうですね。　　　　　　　　　　맛있을 것 같네요. (맛있겠네요.)

　➡ _____

④ もう少し時間がかかるようです。　　　　조금 더 시간이 걸릴 것 같습니다

　➡ _____

동사 「思う」는 '생각하다'로 번역이 된다. 하지만, 「思う」는 일본어의 '생각하다' 즉 「考える」와 다음과 같이 차이가 난다.

「考える」: 조리 있게 객관적으로 판단하다.

「思う」: 생각에 상상, 결의, 걱정, 연애 등, 주관적이고 감정적인 요소가 들어간다.

　　예) 数学の問題を{○考える/×思う}。 수학 문제를 생각하다.

　　예) 子を{×考える/○思う}親心。 아이를 생각하는 부모의 마음.

MEMO

각 과에 나오는 단어

* [い형] - い형용사, [な형] - な형용사
* [동1]- 1그룹동사, [동2]- 2그룹동사, [동3]- 3그룹동사

제1과

東京（とうきょう） 도쿄

私（わたし） 저, 나

韓国人（かんこくじん） 한국 사람

学生（がくせい） 학생

日本人（にほんじん） 일본 사람

大学生（だいがくせい） 대학생

会社（かいしゃ） 회사

同（どう）りょう 동료

大学（だいがく） 대학교

友達（ともだち） 친구

サッカー 축구

試合（しあい） 시합

田中（たなか）さん 다나카 씨

本（ほん） 책

日本語（にほんご） 일본어

勉強（べんきょう） 공부

電車（でんしゃ） 전철

中（なか） ~안

どこ 어디

教室（きょうしつ） 교실

駅（えき） 역

家（いえ） 집

図書館（としょかん） 도서관

トイレ　お手洗（てあら）い 화장실

きっぷ 표

売（う）り場（ば） 매장

試験（しけん） 시험

禁煙席（きんえんせき） 금연석

コーヒーショップ 커피숍

~号室（ごうしつ） ~호실

おすし 초밥

~屋（や）さん ~집

机（つくえ） 책상

先生（せんせい） 선생님

かさ 우산

たてもの
建物 건물

どなた 「誰 누구」보다 정중한 표현

ちゃ
お茶 (마시는) 차

おかし 과자

くるま
車 자동차

いもうと
妹 여동생

あした
明日 내일

あつ
集まり 모임

どようび
土曜日 토요일

いもうと
妹さん 남의 여동생을 가리킬 때, 여동생분

ぎんこう
銀行 은행

となり 옆

かれ
彼 그(사람)

エレベーター 엘리베이터

レジ 계산대

ホテル 호텔

た もの
食べ物 음식

みせ
お店 가게

かいしゃいん
会社員 회사원

しゅと
首都 수도

제2과

ひろ
広い [い형] 넓다

あか
明るい [い형] 밝다

いそが
忙しい [い형] 바쁘다

へや
部屋 방

ひと
人 사람

ひ
日 날

おもしろい [い형] 재미있다

きれい [な형] 예쁘다

あたら
新しい [い형]

おお
大きい [い형]

くるま
車 승용차

さむ
寒い [い형] 춥다

おいしい [い형] 재미있다

から
辛い [い형] 맵다

きょう
今日 오늘

どうですか。 어떻습니까?

すこ
少し 조금

たの
楽しい [い형] 즐겁다

むずか
難しい [い형] 어렵다

かわいい [い형] 귀엽다

いた
痛い [い형] 아프다

ちょっと 조금

あま
甘い [い형] 달다

てんき
天気 날씨

あまり 그다지

ゆうめい
有名 [な형] 유명하다

たいせつ
大切 [な형] 소중하다

おも で
思い出 추억

す
好き [な형] 좋아하다

しんせつ
親切 [な형] 친절하다

とくい
得意 [な형] 잘하다

いろ
色 색

かもく
科目 과목

べんり
便利 [な형] 편리하다

ひま [な형] 한가하다

簡単 [な형] 간단하다, 쉽다

大変 [な형] 힘들다

大丈夫 [な형] 괜찮다

静か [な형] 조용하다

じょうぶ [な형] 튼튼하다

やさしい [い형] 자상하다

温かい [い형] 따뜻하다

飲み物 음료

いい [い형] 좋다

とても 아주

最近 요즘

遠い [い형] 멀다

怖い [い형] 무섭다

全然 전혀

食べ物 음식

数学 수학

安全 [な형] 안전하다

地域 지역

パスポート 여권

必要 [な형] 필요하다

元気 [な형] 건강하다

心配 [な형] 걱정하다

不便 [な형] 불편하다

英語 영어

古い [い형] 오래되다

狭い [い형] 좁다

高い [い형] 비싸다

まずい [い형] 맛없다

暑い [い형] 덥다

一日 하루

まじめ [な형] 착실하다

熱心 [な형] 열심하다

速い [い형] 빠르다

厳しい [い형] 엄하다

書く [동1] 쓰다

飲む [동1] 마시다

会う [동1] 만나다

待つ [동1] 기다리다

話す [동1] 이야기하다

遊ぶ [동1] 놀다

寝る [동2] 자다

来る [동3] 오다

する [동3] 하다

朝ご飯 아침 식사

食べる [동2] 먹다

ある [동1] (사물이) 있다

終わる [동1] 끝나다

降る [동1] (비, 눈이) 내리다

送る [동1] 보내다

取る [동1] 잡다

とる [동1] (사진을) 찍다

戻る [동1] 되돌아가다

毎日 매일

日記 일기

何人 (なんにん) 몇 명		言う (いう) [동1] 말하다	
いつも 항상		窓 (まど) 창문	
何時 (なんじ) 몇 시		開ける (あける) [동2] 열다	
～ごろ ~쯤		迎えに行く (むかえにいく) [동1] 마중 나가다	
送る (おくる) [동1] 보내다		休む (やすむ) [동1] 쉬다	
かみ 머리카락		コーヒー 커피	
週末 (しゅうまつ) 주말		暗い (くらい) [い형] 어둡다	
*いる [동2] (사람이) 있다		濃い (こい) [い형] 진하다	
運転する (うんてん) [동3] 운전하다		早い (はやい) [い형] 빠르다	
今 (いま) 지금		正しい (ただしい) [い형] 올바르다	
～から ~부터		過ごす (すごす) [동1] 지내다, 보내다	
お昼 (ひる) 점심		毎朝 (まいあさ) 매일 아침	
一緒に (いっしょに) 같이		起きる (おきる) [동2] 일어나다	
行く (いく) [동1] 가다		字 (じ) 글	
映画 (えいが) 영화		ていねい [な형] 꼼꼼하다, 정중하다	
チケット 티켓		十分 (じゅうぶん) [な형] 충분하다	
～枚 (まい) ~장		案内する (あんない) [동3] 안내하다	
地下鉄 (ちかてつ) 지하철		牛乳 (ぎゅうにゅう) 우유	
駅 (えき) 전철역		たばこ 담배	
～後 (ご) ~후		吸う (すう) [동1] 피우다	
前 (まえ) 앞		袋 (ふくろ) 봉투	
今週末 (こんしゅうまつ) 이번 주말		誰も (だれも) 아무도	
海 (うみ) 바다		いる [동2] (사람이) 있다	
運動する (うんどう) [동3] 운동하다		会議 (かいぎ) 회의	
それでは 그럼		出席 (しゅっせき) 출석	
がんばる [동1] 힘내다, 분발하다, 열심히 하다		一緒に (いっしょに) 같이	
もう少し (すこし) 조금 더		コンサート 콘서트	
大きな (おおきな) 큰		くつ 신발	
声 (こえ) 소리		家族 (かぞく) 가족	

夕食 _{ゆうしょく} 저녁 식사

そろそろ 슬슬

次 _{つぎ} 다음

ちょっと 좀

歩く _{ある} [동1] 걷다

先に _{さき} 먼저

辛い _{から} [い형] 맵다

細かい _{こま} [い형] 잘다

お水 _{みず} 물

使う _{つか} [동1] 사용하다

なる [동1] 되다

近所 _{きんじょ} 근처

起きる _お [동2] 일어나다

おいしい [い형] 맛있다

コーヒーショップ 커피숍

今度 _{こんど} 다음번에

じゃがいも 감자

洗う _{あら} [동1] 씻다

お肉 _{にく} 고기

제4과

買う _か [동1] 사다

コアラ 코알라

テニスをする 테니스를 하다

着物 _{きもの} 기모노

富士山 _{ふじさん} 후지산

登る _{のぼ} [동1] 올라가다

すき焼き _や 스키야키

故障する _{こしょう} [동3] 고장나다

今回 _{こんかい} 이번

初めて _{はじ} 처음

良い(いい) _よ [い형] 좋다

簡単 _{かんたん} [な형] 간단하다. 쉽다.

ホテル 호텔

父の日 _{ちち ひ} 아버지의 날

夢 _{ゆめ} 꿈

集まり _{あつ} 모임

たばこ 담배

やめる [동2] 끊다, 그만하다

お水 _{みず} 물

たくさん 많이

親 _{おや} 부모님 (=両親 _{りょうしん})

体 _{からだ} 몸

動かす _{うご} [동1] 움직이다

お寺 _{てら} 절

やる [동1] 하다 ('する'와 같은 뜻)

買い物 _{か もの} 쇼핑

ドラマ 드라마

行ったり来たり _{い き} 왔다갔다

夏 _{なつ} 여름

日 _ひ 날

~によって ~에 따라

時期 _{じき} 시기

お酒 _{さけ} 술

無理する _{むり} [동3] 무리하다

山 _{やま} 산

人 _{ひと} '사람'이라는 뜻 외에 타인(他人 _{たにん})이나 사람들이라는 뜻도 있다.

見せる [동2] 보여주다

制服 교복

地方 지방

呼ぶ [동1] 부르다

作文 작문

課題 과제

急ぐ [동1] 서두르다

ぬぐ [동1] 벗다

連絡する [동3] 연락하다

友達に会う 친구를 만나다

かぜをひく 감기를 걸리다

薬を飲む 약을 먹다 일본어는 '약을 마시다' 라고 하고
'×薬を食べる'라고 하지 않는다.

漢字 한자

覚える [동2] 외우다

納豆 낫토(삶은 콩을 발효시켜 만든 일본 전통음식)

九州 규슈

テスト 시험

~から~まで ~에서 ~까지

誕生日 생일

どんな 어떤~

休み 쉬는 날

お医者さん 의사

しっかり 제대로, 튼튼히

泣く [동1] 울다

笑う [동1] 웃다

調子が悪い 상태가 나쁘다, 컨디션이 안 좋다

遅れる [동2] 늦다

まだ 아직

会社 회사

授業を受ける 수업을 받다

ドア 문

제5과

顔を洗う [동1] 세수를 하다 (얼굴을 씻다)

出勤する [동3] 출근하다

借りる [동2] 빌리다

おそば 소바

デパート 백화점

買い物をする 쇼핑을 하다

レストラン 레스토랑

夏休み 여름 방학

温泉に入る 온천에 들어가다

名前 이름

聞く [동1] 듣다, 묻다

はさみ 가위

使う [동1] 사용하다

切る [동1] 자르다

答える [동2] 대답하다

電話 전화

メール 메일

送る [동1] 보내다

すぐ 바로

たばこを吸う 담배를 피우다

電話番号 전화번호

コピー 복사

コピーする 복사하다

お願いする 부탁하다

何枚 몇 장

先月 지난 달

出張 출장

しっかり 제대로

書類 서류

お茶 차

入れる [동2] 넣다, (차를) 끓이다, (커피를) 타다

迎えに行く 마중하러 가다, 마중 나가다, 데리러 가다

テストを受ける 시험을 보다 ('×テスト/試験を見る'라고 하지 않는다.)

公園 공원

着く [동1] 도착하다

お弁当 도시락

アニメ 애니메이션

宿題 숙제

歯 이

みがく [동1] 닦다

何か 무엇인가, 무슨

予定 예정

特に 특별히

夜ご飯 저녁 식사

一緒に 같이

焼肉屋さん 고기집

案内する [동3] 안내하다

カラオケ 노래방

歌を歌う 노래를 부르다

座る [동1] 앉다

置く [동1] 나두다

捨てる [동2] 버리다

押す [동1] 밀다, 누르다

写真をとる [동1] 사진을 찍다

走る [동1] 뛰다

歩く [동1] 걷다

怒る [동1] 화내다

聞く [동1] 듣다

かさ 우산

借りる [동2] 빌리다

トイレ 화장실

使う [동1] 사용하다

呼ぶ [동1] 부르다

荷物 짐

取りに行く 가지러 가다, 찾으러 가다

入学する [동3] 입학하다

アルバイト 아르바이트

始める [동2] 시작하다

ひっこしする [동3] 이사하다(가다)

連絡 연락

제6과

事務 사무

仕事 일, 직업

雨が降る 비가 내리다

電話がなる 전화가 울리다

貿易会社 무역회사

勤める [동2] 근무하다

コンビニ 편의점

アルバイト 아르바이트

ジョギング	조깅	温める あたた	[동2] 데우다
勤務先 きんむさき	근무처	会話文 かいわぶん	회화문
通う かよ	[동1] 다니다	よく	잘
高校 こうこう	고등학교	書類 しょるい	서류
~の時 とき	~때	机の上 つくえ　うえ	책상 위
結婚する けっこん	[동3] 결혼하다	電気 でんき	전기
開く あ	[동1] 열리다	消す け	[동1] 끄다, 지우다
おさいふ	지갑	荷物 にもつ	짐
落ちる お	[동2] 떨어지다	まとめる	[동2] 정리하다, (짐을) 챙기다
招待状 しょうたいじょう	초대장	週に~回 しゅう　かい	주~회
バス	버스	水泳 すいえい	수영
分かる わ	알다, 이해할 수 있다	住む す	[동1] 살다, 거주하다
時間表 じかんひょう	시간표	名古屋 なごや	나고야
調べる しら	[동2] 조사하다	新幹線 しんかんせん	신칸센
開く あ	[동1] 열리다	きっぷ	표
開ける あ	[동2] 열다	材料 ざいりょう	재료
タオル	수건	どうやって	어떻게
バスルーム	욕실	説明 せつめい	설명
置く お	[동1] 나두다	~にも	~에도, ~에게도
ガウン	가운	かぎをかける	문을 잠그다, (かぎ 열쇠, かける 걸다)
壁 かべ	벽	予約を入れる よやく　い	예약을 넣다
かける	[동2] 걸다	パスポートをとる	여권을 취하다(준비하다, 마련하다)
会議 かいぎ	회의	教科書 きょうかしょ	교과서
中止になる ちゅうし	중지 되다	準備する じゅんび	[동3] 준비하다
伝える つた	[동2] 전하다	Ｔシャツ ティ	티셔츠
メール	메일	穴 あな	구멍
分かりました。 わ	알겠습니다.(×分かります。)	穴があく あな	구멍이 나다
予約する よやく	[동3] 예약하다	穴をあける あな	구멍을 내다
スープ	스프	わざと	일부러

計画を立てる 계획을 세우다

咲く [동1] 피다

開く [동1] 열리다

つく [동1] 켜지다, 붙다

晴れる [동2] 맑다

めがねをかける 안경을 쓰다

はく (아래서 입을 것을) 입다

・ズボンをはく 바지를 입다

・スカートをはく 치마를 입다

・くつをはく 신발을 신다

卒業する [동3] 졸업하다

入院する [동3] 입원하다

電話番号 전화번호

제7과

おいくらですか。 얼마에요?

お値段 가격

空く [동1] 비다

ずいぶん 꽤, 아주

アニメ 애니메이션

生まれる [동2] 태어나다

にぎやか [な형] 번화하다, 떠들썩하다

だんだん 점점

どんどん 자꾸, 갈수록

息子 아들

~歳 ~살, ~세

夏 여름

日が長い 해가 길다

日が短い 해가 짧다

冷たいもの 차가운 것

すぐ 바로

おなか 배

エアコン 에어컨

きく(効く) 효과가 있다

家具 가구

明るい [い형] 밝다

遅い [い형] 늦다

道路 도로

できる [동2] 생기다

クリーム 크림

ぬる [동1] 바르다

手 손

ない 없다

心配する [동3] 걱정하다

すっかり 완전히

塩 소금

味がこい 맛이 진하다

味がうすい 맛이 연하다

제8과

花 꽃

チョコレート 초콜릿

ぼく 남자가 본인을 가리킬 때 쓰는 말로 대등한 사람이나 아랫사람에게 쓰는 표현.

あめ 사탕

うちの~ 우리집~

子供 아이

自転車 じてんしゃ 자전거

時計 とけい 시계

ケーキ 케이크

作る つくる [동1] 만들다

京都 きょうと 교토

電話番号 でんわばんごう 전화번호

ひっこし 이사

手伝う てつだう [동1] 도와주다

たこ焼き たこやき 타코야끼

アルバム 앨범

おごる [동1] 한턱 내다, 사 주다

姉 あね 언니, 누나

제9과

ふうとう 봉투

わたす [동1] 건네주다

分かる わかる [동1] 알다, 이해하다

きっぷ 표

青い あおい 파랗다

ボタン 버튼

押す おす [동1] 누르다

出る でる [동2] 나오다

夕方 ゆうがた 저녁

~になる ~가 되다

デジタルカメラ 디지털카메라

実際 じっさい 실제

選ぶ えらぶ [동1] 고르다, 선택하다

泊まる とまる [동1] 숙박하다, 묵다

旅館 りょかん 여관

頭が痛い あたまがいたい 머리가 아프다

体調が悪い たいちょうがわるい 몸 상태가 나쁘다, 컨디션이 나쁘나

安い やすい [い형] 저렴하다, 싸다

オンラインショップ 온라인 숍

秋葉原 あきはばら 아키하바라

冊 さつ ~권

窓口 まどぐち 창구

メキシコ料理 メキシコりょうり 멕시코 요리

イテウォン 이태원

いろいろ 여러 가지

国 くに 나라

すぐ 바로

~ごろ ~쯤

受付 うけつけ 접수처

夏休み なつやすみ 여름 방학

都合が悪い つごうがわるい 형편이 안 좋다, 상황이 안 좋다, 다른 볼 일
이 있다, 바쁘다

また今度 またこんど 다음 번에, 다음에

入会 にゅうかい 가입

新商品 しんしょうひん 신상품

連絡先 れんらくさき 연락처

知る しる [동1] 알다

うまい [い형] 잘하다, 솜씨가 뛰어나다 (=上手 じょうず)

温泉 おんせん 온천

うまくなる 잘하게 되다 (うまい+~くなる)

交流会 こうりゅうかい 교류회

クーポン 쿠폰

誰か だれか 누군가가

頼む [동1] 부탁하다

제10과

部長 부장님

呼ぶ [동1] 부르다 →수동형:呼ばれる

バー 바(Bar)

とし 나이

無断駐車 무단주차

罰金 벌금

取る [동1] 잡다 → 수동형:取られる

足 발

ふむ [동1] 밟다 → 수동형:ふまれる

夜中 한밤중

泣く [동1] 울다 → 수동형:泣かれる

ぐっすり 푹

眠る [동1] 자다

うるさい [い형] 시끄럽다

起こす [동1] 깨우다 → 수동형:起こされる

夫 남편

妻 아내

レポート 리포트

課長 과장님

買い物 장보기, 쇼핑

頼む [동1] 부탁하다

パーティー 파티

招待する [동3] 초대하다

作品 작품

優秀賞 우수상

選ぶ [동1] 고르다, 뽑다

先に 먼저

みんな 모두

兄 형, 오빠

よく 자주

急ぐ [동1] 서두르다

早く 일찍

弟 남동생

持ってくる [동3] 가지고 오다

このままだと 이대로라면

辞める [동2] 그만두다

~かもしれません ~일지도 모릅니다.

제11과

思う [동1] 생각하다 (*Step up 참고)

~の後 ~후

予定 예정

今夜 오늘 밤

一杯やる [동1] 한잔 하다

いつから 언제부터

ダイエット 다이어트

読み終わる [동1] 다 읽다

もうすぐ 이제 곧

着く [동1] 도착하다

郵便 우편물

合格する [동3] 합격하다

良かったら~ 괜찮으면~

時間がかかる [동1] 시간이 걸리다

面接 _{めんせつ} 면접

奥さん _{おく} 부인

連れて来る _{つ く} 데리고 오다

コチュジャン 고추장

ほしい 갖고 싶다.

ビール 맥주

何本 _{なんぼん} 몇 병, 몇 자루

足りる _た [동2] 족하다, 충분하다

幸せ _{しあわ} [な형] 행복하다

閉まる _し [동1] 닫히다 ― 閉める _し [동2] 닫다

むすこ 아들

めずらしい[い형] 신기하다, 드물다

~のこと ~의 일

まるで 마치

冬 _{ふゆ} 겨울

형용사, 동사 표

【형용사】

い형용사

일본어	한국어	일본어	한국어
大(おお)きい	크다	甘(あま)い	달다
小(ちい)さい	작다	辛(から)い	맵다
新(あたら)しい	새롭다	重(おも)い	무겁다
古(ふる)い	오래되다	軽(かる)い	가볍다
いい(よい)	좋다	ほしい	갖고 싶다
悪(わる)い	나쁘다	寂(さび)しい	쓸쓸하다
暑(あつ)い	덥다	広(ひろ)い	넓다
寒(さむ)い	춥다	狭(せま)い	좁다
熱(あつ)い	뜨겁다	長(なが)い	길다
冷(つめ)たい	차갑다	短(みじか)い	짧다
難(むずか)しい	어렵다	明(あか)るい	밝다
易(やさ)しい	쉽다	暗(くら)い	어둡다
高(たか)い	높다	背(せ)が高(たか)い	키가 크다
低(ひく)い	낮다	背(せ)が低(ひく)い	키가 작다
高(たか)い	비싸다	頭(あたま)がいい	머리가 좋다
安(やす)い	싸다	危(あぶ)ない	위험하다
おもしろい	재미있다	痛(いた)い	아프다
若(わか)い	젊다, 어리다	眠(ねむ)い	졸리다
おいしい	맛있다	強(つよ)い	강하다
忙(いそが)しい	바쁘다	弱(よわ)い	약하다
楽(たの)しい	즐겁다	調子(ちょうし)がいい	상태가 좋다
白(しろ)い	희다	調子(ちょうし)が悪(わる)い	상태가 나쁘다
黒(くろ)い	검다	体(からだ)にいい	몸에 좋다
赤(あか)い	붉다	すごい	대단하다

青(あお)い	파랗다	多(おお)い	많다
近(ちか)い	가깝다	少(すく)ない	적다
遠(とお)い	멀다	暖(あたた)かい	따뜻하다
早(はや)い	(시기)빠르다	涼(すず)しい	시원하다
速(はや)い	(속도)빠르다	うるさい	시끄럽다
遅(おそ)い	늦다	えらい	훌륭하다
やさしい	상냥하다, 쉽다	ちょうどいい	딱 좋다
ややこしい	헷갈리다, 까다롭다	まぎらわしい	헷갈리기 쉽다
細(ほそ)い	가늘다	つまらない	시시하다, 지루하다
太(ふと)い	두껍다	細(こま)かい	미세하다, 잘다
正(ただ)しい	옳다, 맞다	濃(こ)い	짙다, 진하다
詳(くわ)しい	자세하다	薄(うす)い	연하다
硬(かた)い	딱딱하다	ひどい	(정도가)심하다
軟(やわ)らかい	부드럽다	怖(こわ)い	무섭다
気持(きも)ちがいい	기분이 좋다	厳(きび)しい	엄격하다
気持(きも)ちが悪(わる)い	(기분, 몸상태)가 나쁘다	都合(つごう)がいい	상황이 좋다
汚(きたな)い	더럽다	都合(つごう)が悪(わる)い	상황이 나쁘다
うれしい	기쁘다	気分(きぶん)がいい	기분이 좋다
悲(かな)しい	슬프다	気分(きぶん)が悪(わる)い	(기분, 몸상태)가 나쁘다
恥(は)ずかしい	부끄럽다	珍(めずら)しい	드물다
かわいい	귀엽다	おかしい	이상하다
厚(あつ)い	두껍다	うらやましい	부럽다
薄(うす)い	얇다	すばらしい	훌륭하다
うまい	맛있다		
まずい	맛없다		

な형용사

일본어	한국어	일본어	한국어
きれい	아름답다, 예쁘다, 깨끗하다	上手(じょうず)	잘한다
静(しず)か	조용하다	下手(へた)	미숙하다
にぎやか	번화하다	いろいろ	여러가지다
有名(ゆうめい)	유명하다	大変(たいへん)	힘들다
親切(しんせつ)	친절하다	大切(たいせつ)	소중하다
元気(げんき)	건강하다	大丈夫(だいじょうぶ)	괜찮다
暇(ひま)	한가하다	無理(むり)	무리다
便利(べんり)	편리하다	無駄(むだ)	소용없다
すてき	멋지다	不便(ふべん)	불편하다

일본어	한국어	일본어	한국어
好(す)き	좋아하다	真面目(まじめ)	성실하다
嫌(きら)い	싫어하다	熱心(ねっしん)	열심하다
簡単(かんたん)	간단하다	心配(しんぱい)	걱정스럽다
安全(あんぜん)	안전하다	適当(てきとう)	적당하다
丁寧(ていねい)	정중하다	嫌(いや)	싫다
十分(じゅうぶん)	충분하다	危険(きけん)	위험하다
だめ	안된다	必要(ひつよう)	필요하다
楽(らく)	편하다	丈夫(じょうぶ)	튼튼하다
ハンサム	잘생겼다	変(へん)	이상하다
大(おお)きな	큰	幸(しあわ)せ	행복하다
小(ちい)さな	작은		
複雑(ふくざつ)	복잡하다		
邪魔(じゃま)	거추장스럽다.(방해)		

【동사】

1그룹 동사

일본어	한국어	일본어	한국어
書(か)く	쓰다	行(い)く	가다
働(はたら)く	일하다	聞(き)く	듣다
急(いそ)ぐ	서두르다	泳(およ)ぐ	수영하다
死(し)ぬ	죽다	遊(あそ)ぶ	놀다
呼(よ)ぶ	부르다	休(やす)む	쉬다
読(よ)む	읽다	飲(の)む	마시다
買(か)う	사다	会(あ)う	만나다
習(なら)う	배우다	吸(す)う	빨다,피우다
手伝(てつだ)う	도와주다	もらう	받다,얻다
持(も)つ	들다	待(ま)つ	기다리다
帰(かえ)る	돌아가다	入(はい)る	들어가다
降(ふ)る	(비, 눈이) 오다	ある	(물건이)있다
終(お)わる	끝나다	取(と)る	잡다, 들다
切(き)る	자르다	送(おく)る	보내다
知(し)る	알다	かかる	걸리다, 들다
曲(ま)がる	구부러지다, 돌다	話(はな)す	이야기하다
貸(か)す	빌려주다	出(だ)す	내다, 꺼내다
消(け)す	끄다, 지우다	上(あ)がる	올라가다
暮(く)らす	지내다, 살다	謝(あやま)る	사과하다

歩(ある)く	걷다	動(うご)く	움직이다
歌(うた)う	노래 부르다	写(うつ)す	그리다, 묘사하다
起(お)こす	일으키다	選(えら)ぶ	고르다
怒(おこ)る	화내다	笑(わら)う	웃다
押(お)す	밀다	踊(おど)る	춤추다
驚(おどろ)く	놀라다	思(おも)う	생각하다
折(お)る	접다	移(うつ)す	옮기다
泊(と)まる	묵다	去(さ)る	떠나다
登(のぼ)る	오르다	走(はし)る	달리다
通(かよ)う	다니다	横切(よこぎ)る	가로지르다
飛(と)ぶ	날다	渡(わた)る	건너다
着(つ)く	도착하다	戻(もど)る	되돌아가다
至(いた)る	도달하다	教(おそ)わる	가르침을 받다, 배우다
思(おも)い出(だ)す	생각나다	撮(と)る	(사진을) 찍다
間(ま)に合(あ)う	제시간에 가다(오다), 늦지 않다.	かぶる	(모자를) 쓰다
困(こま)る	고민되다		

2그룹 동사

일본어	한국어	일본어	한국어
食(た)べる	먹다	寝(ね)る	자다
起(お)きる	일어나다	借(か)りる	빌리다
見(み)る	보다	いる	(사람이)있다
教(おし)える	가르치다	あげる	주다
かける	걸다	迎(むか)える	맞다,맞이하다
疲(つか)れる	피곤하다,지치다	出(で)る	나가다, 나오다
見(み)せる	보여주다	つける	붙이다, 켜다
浴(あ)びる	(주목을)받다, (아침 햇살을)쬐다	止(と)める	세우다, 멈추다, 고정시키다
開(あ)ける	열다	閉(し)める	닫다
足(た)りる	충분하다, 족하다	着(き)る	입다
入(い)れ替(か)える	교체하다	植(う)える	(나무를) 심다
生(う)まれる	태어나다	遅(おく)れる	늦다
覚(おぼ)える	외우다, 기억하다	降(お)りる	내리다
折(お)れる	접히다	離(はな)れる	(거리가 멀리)떨어지다
届(とど)ける	전하다	上(あ)げる	올리다, 들다
答(こた)える	대답하다		

3그룹 동사 (불규칙동사)

일본어	한국어	일본어	한국어
する	하다	来(く)る	오다
あいさつする	인사하다	安心(あんしん)する	안심하다
遠慮(えんりょ)する	사양하다	案内(あんない)する	안내하다
散歩(さんぽ)する	산책하다	招待(しょうたい)する	초대하다
合格(ごうかく)する	합격하다	失敗(しっぱい)する	실패하다
出席(しゅっせき)する	출석하다	出発(しゅっぱつ)する	출발하다
失礼(しつれい)する	실례하다	故障(こしょう)する	고장 나다
参加(さんか)する	참가하다	支度(したく)する	일을 준비하다
経験(けいけん)する	경험하다	コピーする	복사하다
質問(しつもん)する	질문하다	卒業(そつぎょう)する	졸업하다
入学(にゅうがく)する	입학하다	到着(とうちゃく)する	도착하다
入場(にゅうじょう)する	입장하다	退場(たいじょう)する	퇴장하다
達(たっ)する	도달하다	びっくりする	놀라다

MEMO

하치노 토모카 八野友香

현 사이버한국외국어대학교 일본어학부 교수
한국외국어대학교 대학원 일어일문학과 언어학 박사
대한민국 정부초청 외국인 장학생 국무총리상 수상
2015 CUFS Best Teacher Award (우수강의상) 수상

* Youtube '토모카 교수의 일본어 학습'에서 공개 강의 중.

핵심 문형으로 배우는 기초일본어 2

초판 1쇄 인쇄   2018년 08월 01일
초판 1쇄 발행   2018년 08월 07일

저   자 하치노 토모카
발 행 인 윤석현
발 행 처 제이앤씨
책임편집 최인노
등록번호 제7-220호

우편주소 ⓤ 132-702 서울시 도봉구 창동 624-1
          북한산 현대홈시티 102-1206
대표전화 02) 992 / 3253
전   송 02) 991 / 1285
홈페이지 http://www.jncbms.co.kr
전자우편 jncbook@hanmail.net

ISBN 979-11-5917-112-3   13730   정가 15,000원